Knaur

W0214950

Sina Schielke

schön & schnell

Knaur

Sina Schielke

schön & schnell

Das Laufbuch für Frauen

in Zusammenarbeit mit
Christof Baur / Bernd Thurner

www.knaur.de

Inhaltsverzeichnis

»Von 0 auf 100«

Eigentlich bin ich eher zufällig zum Leistungssport gekommen. Alles begann mit Handball, ein schnelles Spiel mit viel Action und Spaß – was ich sehr mochte. Zur Leichtathletik kam ich erst durch eine Freundin. Sie überredete mich, sie zum TSV Herdecke zu begleiten. Das war 1994. Ich war sofort Feuer und Flamme, denn endlich war ich allein verantwortlich für Sieg oder Niederlage. In der Mannschaft kann man sich hinter anderen verstecken. Solo nicht. Ich trainierte zunächst im Mehrkampf, erkannte jedoch bald, wo meine Stärke lag: Schnell ans Ziel zu gelangen!
Meine eigentliche Karriere als Laufprofi begann wenige Jahre später bei der LG Olympia Dortmund. Bereits 1999 wurde ich dann U20-Europameisterin über 100, 200 und 4 x 100 Meter. Dennoch stehe ich erst am Anfang meiner sportlichen Karriere, und habe mir noch viel vorgenommen.
Trotzdem will ich mein Leben nicht nur auf den Sport ausrichten. Denn Glück bedeutet für mich immer auch, dass privat alles stimmt und ich zufrieden und mit mir selbst im Reinen bin. Und da ich auch an die Zeit nach meiner sportlichen Karriere denke, studiere ich seit Mai 2003 Wirtschaftswissenschaften.

Erfolg ist kein Zufall

Von nichts kommt nichts: Dies gilt im Sport vor allem für Läufer. Ein Ball rollt vielleicht ab und an zufällig über die Torlinie, eine Sprinterin läuft jedoch nicht nur aus Glück unter elf Sekunden. Hinter einer Spitzenzeit steckt immer ein gezieltes und geplantes Training. Daher sagt man unter Sportlern auch nicht »Viel Glück«, sondern »Viel Erfolg«. Denn für den Erfolg kann jeder selbst etwas tun. Fürs Glück nicht. Nur wer konsequent und intelligent trainiert, wird langfristig belohnt. Natürlich habe ich eine Menge Unterstützung durch Trainer, medizinische Betreuung und Management, doch im Mittelpunkt stehe trotz alledem ich selbst. Ich kenne meinen Körper am besten, und muss entscheiden, wo meine Grenzen sind. Als mündige Sportlerin will ich wissen, warum ich eine bestimmte Übung mache. Denn ich finde, dass zu einem intelligenten Training auch das Grundwissen über die Wirkungsweise der einzelnen Abläufe gehört.

Das Ziel vor Augen

Mein sportliches Ziel ist es, die 100-Meter-Linie möglichst schnell zu überqueren. Als Sprinterin benötige ich dazu optimale Laufkoordination, ausgewogene Kraftverhältnisse und gute Beweglichkeit. Auf diese drei Bereiche richtet sich mein gesamtes Training aus. Aber keine Sorge, dieses Buch ist kein Fachbuch für Leichtathleten. Es ist für Leute gedacht, die wie ich ohne Umweg ans Ziel wollen. Sie finden darin Trainingsprogramme für die unterschiedlichsten Zielsetzungen. Lernen auch Sie, effektiv zu trainieren, und bringen Sie Ihren Körper in Bestform. Aber denken Sie daran: Erfolge lassen sich selten durch Zwang erreichen. Im Mittelpunkt sollten daher immer der Spaß und die Freude am Laufen stehen.

Steckbrief

Name: Sina Schielke
Geburtsdatum: 19. Mai 1981
Größe: 169 cm
Gewicht: 59 kg
Geburtsort: Herdecke
Familienstand: ledig

Meine größten Erfolge

Im Jahr 2003:

- Deutsche Hallenmeisterin über 60 m, DM Leipzig

Im Jahr 2002:

- 2. Platz Europameisterschaft 4 x 100 m, EM München
- Deutsche Meisterin über 100 m, DM Wattenscheid
- Deutsche Meisterin über 4 x 100 m, DM Wattenscheid
- 1. Platz 100 m, Meeting Dessau
- 1. Platz 200 m, EAA Meeting Cottbus
- 1. Platz 100 m, Sparkassen DLV-Meeting Dortmund
- 1. Platz 200 m, EM-Qualifikation Osnabrück-Getesch

Im Jahr 2001:

- Deutsche Hallenmeisterin über 60 m und 4 x 200 m
- Deutsche Meisterin über 4 x 100 m
- 3. Platz Deutsche Meisterschaft 100 m und 200 m
- Europameisterin U23 über 100 m
- Vize-Europameisterin U23 über 200 m

Im Jahr 2000:

- Junioren Weltmeisterin 4 x 100 m, WM Santiago
- 2. Platz Junioren-WM 200 m, WM Santiago

Tipps vor dem Start –

Die wichtigsten Trainingsgrundlagen

Bevor es mit dem Trainingsprogramm losgehen kann, sollten ein paar grundlegende Dinge geklärt werden, damit Ihre Bemühungen von Erfolg gekrönt sind und Sie ans gewünschte Ziel bringen.

Training mit System

Nur wer mit System trainiert, hat auf Dauer Erfolg. Und nichts spornt mehr an als ein Ergebnis, auf das man stolz ist. Misserfolge dagegen führen schnell dazu, dass man frustriert die Flinte ins Korn wirft.

Trainieren Sie regelmäßig!

Viele Sportler, gerade Anfänger, haben keinen genauen Plan für ihr Training. Sie laufen, wenn sie Zeit oder Lust haben oder wenn das Wetter schön ist. Aus diesem Grund trainieren sie meist unregelmäßig, vergessen die gesteckten Ziele schnell, und der Erfolg lässt auf sich warten. Klar, dass dann auch die Motivation im Keller ist. Denn der Schlüssel zum Erfolg heißt regelmäßiges Training.

Die Häufigkeit des Trainings hängt vom aktuellen Trainingszustand und von den konkreten Zielsetzungen ab. Mein Coach und ich beispielsweise planen mein Training über einen Zeitraum von vier Jahren. Dreh- und Angelpunkte sind wichtige Wettkampfereignisse, wie Welt- und Europameisterschaften oder Weltcups. Nach diesen Terminen wird dann ein genaues und langfristiges Trainingsprogramm mit festen Trainingstagen und -zeiten erstellt.

Das Optimieren von Trainingsreizen und die Verkürzung der Erholungszeiten ist das Prinzip des systematischen Trainings.

Passen Sie das Training an Ihre Bedürfnisse an!

Das Training muss Ihrem aktuellen Trainingszustand angepasst werden, sonst treten Sie auf der Stelle. Sie sollten nämlich immer dann trainieren, wenn Ihr Körper einen neuen Reiz braucht. Dummerweise kann das auch dann einmal der Fall sein, wenn es gerade regnet. Sicher ist das am Anfang etwas gewöhnungsbedürftig, aber Sie werden sehen, dass es sich lohnt, den Trainingsplan auch unter schwierigen Verhältnissen zu erfüllen.

Es gibt Trainingstage, an denen ich total ausgepowert ins Bett falle. Der Mensch ist nicht in der Lage permanent Höchstleistungen zu erbringen. Dies sollten auch Sie in Ihrem Trainingsprogramm berücksichtigen.

Ihr Körper gewinnt durch gezieltes, sich steigerndes Training. Bleibt die Belastung dagegen immer gleich, ist er unterfordert. Beachten Sie aber, dass ein Mehr an Belastung den Erfolg nicht automatisch erhöht. Überforderung ist aus trainingsphysiologischer Sicht nämlich ebenso ungünstig wie Unterforderung.

Hören Sie auf Ihren Körper!

Auf meinen Körper zu hören, ist ein ganz wesentlicher Bestandteil meiner Trainingsphilosophie. Ich bin ein ehrgeiziger Mensch, und mein Tagesablauf ist durch den Sport geprägt. In intensiven Trainingsphasen trainiere ich bis zu zwölfmal pro Woche. Ich versuche mich im Wettkampf und auch im Training immer zur Höchstleistung zu motivieren. Doch obwohl ich stets nach maximaler Leistung strebe, geht dies nie auf Kosten meiner Gesundheit. Aus diesem Grund habe ich im Jahr 2000 auch auf die Olympiateilnahme in Sydney verzichtet. Das tat zwar weh, war aber die richtige Entscheidung. Nach einer langen Saison machte mir mein Rücken zunehmend Probleme. Die Ursache waren Schmerzen in meinem sechsten Lendenwirbelkörper, die bis ins Bein ausstrahlten. Eine Geschichte, die mich leider auch noch heute begleitet.

Hören auch Sie auf die Signale Ihres Körpers! Wenn Sie, beispielsweise durch eine Erkältung oder sonstige Erkrankung, körperlich geschwächt sind, sollten Sie sich eine längere Pause gönnen. Gerade dann kann eine Überlastung negative, sogar gesundheitsschädliche Folgen haben.

Gönnen Sie sich eine Pause!

Besonders wichtig beim Training ist der Wechsel zwischen Belastung und Erholung. Auf jede Leistungsphase sollte daher eine Phase der Entlastung folgen. Denn der Körper braucht Zeit zur Regeneration, um für ein erneutes Training fit zu sein.

Die Erholung hat aber einen noch viel weit reichenderen Sinn: Das Training ist ein Reiz für Ihren Körper, der bewirkt, dass Ihre Leistungsfähigkeit zunächst abnimmt. Erst wenn das Training beendet ist, beginnt der eigentliche Effekt: Ihr Körper erholt sich von der vorausgegangenen Belastung und legt sogar noch etwas zu. Diese erhöhte Leistungsbereitschaft heißt Superkompensation und ist das Ziel jeglichen Trainings.

Abschalten ist das beste Rezept, um sich von den Anstrengungen des Trainings zu erholen.

Nach dem Training ist vor dem Training

Sie werden also nicht während des Trainings besser, sondern in der Zeit danach. Wie Sie sich in dieser Zeit verhalten, hat enormen Einfluss auf die nächste Trainingseinheit. Trinken Sie Alkohol, schlafen Sie wenig und ernähren Sie sich falsch, können Sie sicher sein, dass das nächste Training in die Hose geht. Sie fühlen sich müde, können Ihren Trainingsplan nicht einhalten und wissen vielleicht noch nicht einmal warum.

Schenken Sie also nicht nur Ihrem Training, sondern auch der Regeneration die nötige Aufmerksamkeit. Je schneller Sie sich nach dem Training erholen, desto früher können Sie wieder trainieren. Sicher: Der trainierte Sportler kann sich schneller erholen als ein Neuling. Mein Trainingstag beinhaltet beispielsweise zwei Einheiten: Vormittags und nachmittags je zwei Stunden. Dazwischen liegen ungefähr vier Stunden Pause. Diese Zeit nutze ich, um mich zu erholen. Mein Tipp: Ein kurzer Mittagsschlaf nach dem Essen ist die beste Methode, um neue Energie zu tanken.

Schlaf ist die beste Erholung

Schlafen ist die beste Regeneration für den Körper. Denn im Schlaf werden Hormone ausgeschüttet, die unter anderem für das Zellwachstum und den Fettabbau sorgen. Zudem wird die Erholung des Körpers gefördert. Wer bewusst oder unbewusst seine Schlafqualität verschlechtert, verhindert dadurch die Ausschüttung der nützlichen Hormone und behindert so die Erholung. Gönnen Sie sich also etwas mehr Schlaf. Mindestens sieben Stunden pro Nacht sollten es sein, und zwar immer!

Auf den Rhythmus kommt es an

Es ist nicht egal, wann man trainiert. Wer sich an bestimmte Regeln bei der Wahl der Trainingszeiten hält, verbessert seine Leistungen wie von selbst.

Mein Tagesrhythmus

Mein normaler Trainingstag sieht ungefähr so aus:

- 8 Uhr: Der Wecker klingelt.
- 10 Uhr: Meine erste Trainingseinheit beginnt.
- 13 Uhr: Es gibt Essen, ich kann mich erholen oder ein paar Dinge erledigen.
- 16.30 Uhr: Die zweite Trainingseinheit beginnt.
- Ab 19 Uhr: Ich habe »Freizeit«, kann Freunde treffen oder fürs Studium lernen.

Obwohl der höchste Sonnenstand Ende Juni ist, braucht der UV-Effekt etwa zwei Monate, bis er sich über die Hormone als höhere Kraft niederschlägt.

Wenn ich es mir aussuchen könnte, dann würde ich den Tag immer langsam angehen lassen. Das heißt vor allem AUSSCHLAFEN! Denn morgens fällt es mir meist schwer aufzustehen. Die erste Trainingseinheit am Vormittag ist für mich daher besonders hart. Da hapert es schon mal an der Motivation, und ich muss mir selbst in den Hintern treten. Es kann dann auch sein, dass es nicht so optimal läuft. Zum Glück hat die Wissenschaft eine Erklärung für mein Problem: Die persönliche Leistungsfähigkeit schwankt im Tagesverlauf. Nicht jede Tageszeit eignet sich für maximale Belastungen. Untersuchungen haben gezeigt, dass die beste Zeit zum Training zwischen 16 und 20 Uhr liegt. Versuchspersonen erreichen in dieser Zeitspanne ihre Maximalkraft, und auch der Trainingseffekt ist zu dieser

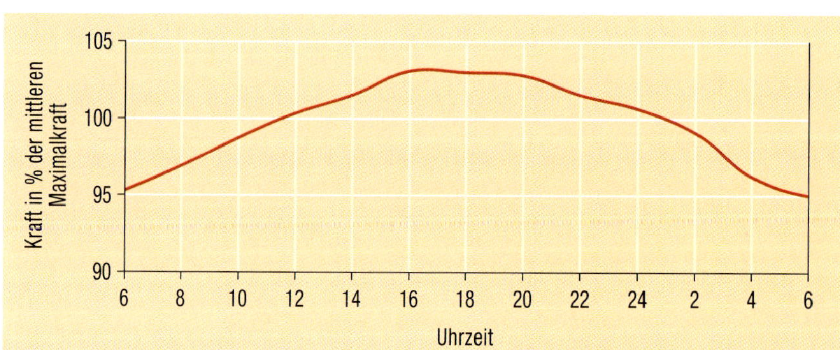

Zeit am höchsten. Raffen Sie sich also nach der Arbeit auf. Müde ist nur der Kopf, ihre Muskeln dagegen warten schon auf intensive Reize.
Der schlechteste Trainingszeitpunkt ist übrigens früh morgens. Aber wer um Himmels willen trainiert schon um diese Zeit? Nur wenn es gar nicht anders geht, ist ein Training morgens um sechs immer noch besser, als das Laufen ganz ausfallen zu lassen.

Mein Jahresrhythmus

Welcher Sportler träumt nicht von Olympia? Auch ich habe diesen Traum. Es ist für mich ein Glück, dass ich als Leichtathletin an den Sommerspielen teilnehme und nicht im Winter antreten muss. Glaubt man der Wissenschaft, sind die Chancen für Erfolge und Bestleistungen im Sommer nämlich am größten. Denn die individuelle Leistungsfähigkeit verändert sich nicht nur im Tagesverlauf, sondern auch im Jahreszyklus. Im Verlauf eines Jahres gibt es einen Zusammenhang zwischen der Kraftentwicklung und der Dauer der UV-Einstrahlung. Das heißt, je länger und intensiver die Sonne scheint, desto höher ist die Kraftzunahme. Es ist also kein Wunder, wenn im Januar scheinbar gar nichts vorwärts geht, während man zum Ende des Sommers Bäume ausreißen könnte. Ursache für dieses Phänomen sind die UV-Strahlung, die einen beträchtlichen Einfluss auf die hormonelle Steuerung unseres Körpers hat, und Hormone, die den Kraftzuwachs entscheidend beeinflussen.
Wer auch im Winter optimale Trainingsergebnisse erzielen will, sollte deshalb regelmäßig in ein Solarium gehen. Untersuchungen haben gezeigt, dass sich die Wintertrainierbarkeit dadurch bis auf die im Sommer übliche steigern lässt. Übertreiben Sie es aber nicht. Maximal zwei Besuche pro Woche nach entsprechender Eingewöhnungsphase sind genug.

UV-Strahlung beeinflusst die Kraftentfaltung unseres Körpers positiv.

Motivation – das A und O beim Training

Vielleicht haben Sie den Eindruck, dass mir als Profi – mit der besten Ausrüstung und einem Team, das mich unterstützt – die Erfolge nur so zufliegen. Leider ist dem nicht so, und an manchen Tagen muss ich mich richtig quälen. Da stelle ich mir selbst die Frage, warum ich das Ganze eigentlich mache. Dieser Gedanke verfliegt zum Glück immer recht schnell wieder, da meine Motivation stimmt. Ohne die geht nämlich im Sport gar nichts. Nur wer motiviert ist, kann auch Höchstleistungen bringen.

Setzen Sie sich ein Ziel!

Ich verliere nicht gern. Wenn ich laufe, und es gibt eine Chance zu gewinnen, will ich diese auch nutzen. Meine sportlichen Ziele für die nahe Zukunft sind eine EM-Medaille und die Teilnahme am WM- und Olympiafinale. Dazu muss ich konsequent an meiner Laufleistung arbeiten. 100 m unter elf Sekunden – ein langer Weg! An Tagen, an denen es nicht so gut läuft, halte ich mir diese »Schallmauer« vor Augen. Die Wirkung ist stärker als jedes Aufputschmittel! Wenn Sie nicht wissen, warum Sie etwas tun, werden Sie bald die Lust verlieren. Machen Sie sich also klar, was Sie erreichen wollen. Ihr persönliches Ziel muss dabei zwei Voraussetzungen erfüllen, damit aus dem Wunsch Wirklichkeit wird:

1. Es muss erreichbar sein. Wenn Sie sich vornehmen, durch Laufen fünf Kilo in zwei Wochen abzunehmen, dann ist das absolut unrealistisch. Früher oder später werden Sie erkennen, dass Ihr Vorhaben zum Scheitern verurteilt ist. Das Resultat: Sie sind frustriert, verlieren die Motivation und damit den Spaß am Training. Also, bleiben Sie auf dem Boden, und setzen Sie sich erreichbare Ziele. Das Laufen wird dann nicht nur Ihr Gewicht, sondern auch Ihr Leben verändern.
2. Ihr Ziel muss konkret sein. Die vage Formulierung »Ich möchte abnehmen!« ist so unverbindlich, dass Sie darunter jedes Trainingsergebnis – je nach Blickwinkel – als Erfolg oder Misserfolg verbuchen können. Die Aussage »In drei Monaten werde ich fünf Kilo abnehmen!« ist dagegen so konkret, dass Sie jederzeit wissen, wo Sie stehen.

Trainieren Sie in der Gruppe!

Abgesehen vom Staffellauf ist Laufen eine typische Einzelsportart. Es liegt allein in meiner Hand, ob ich gewinne oder verliere. Trotzdem bin ich keine Einzelkämpferin, sondern Teil eines Teams. Im Training sind wir eine gemischte Gruppe von acht Läufern und Läuferinnen. Zusammen macht das Trainieren einfach mehr Spaß, jeder kann vom anderen etwas abschauen, und man motiviert sich gegenseitig.

Folgendes sollten Sie berücksichtigen, wenn Sie mit anderen trainieren:

- Ihre Trainingspartner sollten ein ähnliches Leistungsniveau haben. Nichts ist frustrierender, als nur mühsam mithalten zu können.
- In der Laufgruppe gilt: Der schwächste Läufer gibt das Tempo an. Oft treibt man sich nämlich gegenseitig an, und nach kurzer Zeit ist man nicht mehr im Trainings-, sondern im Wettkampftempo. Die Folgen sind Überanstrengung und ein erhöhtes Verletzungsrisiko.
- Machen Sie feste Termine mit Ihren Laufpartnern aus. Verabreden Sie sich am besten immer an den gleichen Wochentagen und zur gleichen Uhrzeit. Der innere Schweinehund, der Sie vielleicht vom Laufen abhalten will, hat so keine Chance. Schließlich wissen Sie, dass Sie erwartet werden und möchten die anderen nicht enttäuschen. Außerdem können Sie Ihren Lauftermin langfristig von anderen Verpflichtungen freihalten.

Überreden Sie Ihre Familienmitglieder, sich Ihnen anzuschließen! Fragen Sie Freunde oder Bekannte oder informieren Sie sich bei Vereinen über Lauftreffs in Ihrer Nähe.

Belohnen Sie sich!

Stellen Sie sich folgendes vor: Sie haben sich vorgenommen, regelmäßig dreimal in der Woche zu laufen. Die ersten beiden Wochen hat das hervorragend geklappt. Sie haben für das nächste Mal einen festen Termin mit einem Laufpartner vereinbart und auch die beiden folgenden Lauftermine in Ihrem Terminkalender rot angestrichen. Ich würde sagen, jetzt haben Sie sich eine Belohnung verdient. Belohnungen sind etwas wunderbares: Sie erhöhen die Motivation und sorgen so für mehr Spaß beim Training. Ich zum Beispiel gehe zur Belohnung am liebsten shoppen oder besuche ausgefallene Restaurants. Gönnen auch Sie sich ein schönes Essen oder kaufen Sie sich ein neues Laufoutfit. Es müssen aber nicht immer materielle Dinge sein, oft ist bereits das gute Gefühl, etwas für die Figur und die Gesundheit getan zu haben, Belohnung genug.

Meine Ausrüstung – funktionell und schön

»Der Paradiesvogel unter den Sprinterinnen, der mit Bauch-Piercing und gefärbten Haaren an den Start geht.« – So oder ähnlich sieht mich die Presse häufig. Ich muss daher um Anerkennung kämpfen, denn zu oft werde ich mehr nach meinem Äußeren als nach meiner sportlichen Leistung beurteilt. Dabei versuche ich eigentlich nur so zu sein, wie ich immer bin.

Mein Aussehen ist mir zwar wichtig, doch zählen im Sport nur Erfolg und Leistung. Der 100-Meter-Lauf ist kein Schönheitswettbewerb und die Bahn ist kein Laufsteg. Daher steht die Funktion des Outfits klar im Vordergrund; es darf beim Laufen keinesfalls hinderlich sein. Da jede hundertstel Sekunde zählt, sind Ballast und Windfänger fehl am Platz. Im Wettkampf benötige ich daher leichtes und eng anliegendes Material. Form und Farbe spielen eine untergeordnete Rolle.

Beim Training ist das natürlich alles ein bisschen lockerer. Den Witterungsverhältnissen entsprechend trage ich mal mehr, mal weniger. Das Angebot an funktioneller Sportswear ist groß, und die Hersteller setzen Trends heute viel stärker um, ohne die Funktionalität der Kleidungsstücke aus den Augen zu verlieren.

Das wichtigste für Läufer – der Schuh

Was ein Läufer im Wettbewerb an den Füßen tragen darf und was nicht, bestimmt die internationale Wettkampfbestimmung des DLV. Regel 143 besagt dazu: »Die Wettkämpfer dürfen barfuß oder mit Schuhwerk an einem oder beiden Füßen antreten.« Da Barfußläufer so gut wie ausgestorben sind, reden wir nun über Schuhe. Auch für die gibt es klare Vorschriften. Wettkampfschuhe sollen den Füßen Schutz und Stabilität sowie guten Halt bieten. Federn oder andere Vorrichtungen, die dem Wettkämpfer unerlaubte Unterstützung geben könnten, sind verboten. Für die Sohlen und Absätze der Schuhe gilt, dass sie Platz für bis zu elf Spikes bieten müssen. Einlagen und Zusätze an den Schuhen sind nur dann erlaubt, wenn sie keine unerlaubten Vorteile bringen. Ansonsten ist alles möglich. Michael Johnson beispielsweise trägt vergoldete Spikes. WOW!

570

Welchen Schuh sollte man wählen?

Schuhe mit Spikes trage ich nur im Wettkampf oder bei Sprintübungen. Für schnelle Tempoläufe und für das Koordinationstraining benutze ich leichte Laufschuhe. Ihr niedriges Gewicht fühlt sich gut an, und sie sind auch etwas schneller als normale Dauerlaufschuhe. Leichte Schuhe bergen aber auch Gefahren: Sportler, die sie ausschließlich benutzen, nehmen in Kauf, dass der Schuh keine richtige Stützfunktion erfüllt. Wenn die Laufmuskulatur zu schwach ist, kann das unangenehme Folgen haben. Für ein regeneratives Lauftraining wähle ich deshalb robuste und bequeme Dauerlaufschuhe. Die sind zwar etwas schwerer, stützen dafür aber besser.

Augen auf beim Schuhkauf

Bei jedem Schritt müssen Sprunggelenke, Knie, Hüfte und Wirbelsäule etwa das zwei- bis dreifache des Körpergewichts abfangen. Bei schnellen, intensiven Läufen sogar noch mehr. Diese Belastungen sollten im Wesentlichen von der Muskulatur des Unter- und Oberschenkels, der Hüfte und der Wirbelsäule abgefangen werden. Je kräftiger und ausdauernder diese Muskelgruppen sind, desto besser können sie diese Aufgabe übernehmen.
Der Laufschuh ist ein Hilfsmittel, um Fehlbelastungen zu vermeiden – vor allem auf hartem Untergrund. Die Aufprallbelastung wird zwar in erster Linie von der Muskulatur übernommen. Besonders dann, wenn Sie auf hartem Boden laufen (zum Beispiel auf Asphalt), muss jedoch der Laufschuh für zusätzliche Dämpfung sorgen. Dabei kommt es im Besonderen auf das Material der Zwischensohle an, das je nach Hersteller aus unterschiedlichen Kunststoffen besteht.
Verarbeitung und Materialqualität haben ihren Preis. In der Regel kosten hochwertige Laufschuhe mindestens 70.– Euro. Ihre Gesundheit und der Spaß am Laufen sollte Ihnen das allerdings wert sein. Lassen Sie sich in jedem Fall in einem Fachgeschäft beraten, da nicht jeder den gleichen Schuh braucht. Bei Schuhen aus dem Discount sparen Sie vielleicht ein paar Euro, doch wenn sie nicht richtig passen, riskieren Sie Verletzungen.
Probieren Sie die Schuhe unbedingt an. Laufen Sie dann ausgiebig damit im Laden herum, und lassen Sie den Sitz von einem Fachverkäufer überprüfen. Der beste Zeitpunkt für den Schuhkauf ist übrigens der späte Nachmittag oder der Abend, denn unsere Füße werden im Laufe des Tages größer.

Das richtige Outfit

Während Sie bei Ihren Laufschuhen wirklich auf Qualität achten sollten, geht es bei der Kleidung vor allem um Komfort. Wenn Sie sich für Ihr altes Baumwoll-T-Shirt anstatt der neuesten Hightechkleidung entscheiden, riskieren Sie damit nicht Ihre Gesundheit. Da Sie sich aber weder von Wind und Wetter noch durch große Hitze vom Laufen abhalten lassen wollen, ist es wichtig, für jede Situation die richtige Kleidung zu haben. Außerdem macht es einfach Spaß, eine gewisse Auswahl treffen zu können.

Wenn es draußen so richtig kalt ist, sollten Sie unbedingt eine Mütze aufsetzen! Denn über den Kopf verlieren wir viel Körperwärme.

Laufhemd

Zwar kann man beim Laufen auch ein normales Baumwoll-T-Shirt tragen, doch haben feuchtigkeitsregulierende Mikrofasern den Vorteil, dass der Schweiß von der Haut weg nach außen transportiert wird. So klebt das Hemd nicht am Körper. Für wärmeres Wetter reicht ein einfaches Hemd. Wenn es kälter wird, ist eine ärmellose Windweste ein praktischer Begleiter. Aber auch wenn es richtig kalt ist, müssen Sie sich nicht einpacken, als wollten Sie den Polarkreis erforschen. Beim Laufen wird Ihnen sowieso warm. Garantiert!

Der Sport-BH

Für Frauen ist ein Sport-BH unverzichtbar – das gilt auch für Frauen mit kleinem Busen. Durch die gekreuzten Träger und ein Band, das unter der Brust verläuft, stützt er das Brustgewebe optimal. Wie das Laufhemd sollte der BH aus atmungsaktiver Mikrofaser bestehen.

Laufhose

Nichts ist unangenehmer, als wenn die Hose zwischen den Oberschenkeln reibt. Ideal sind daher eng anliegende Sporthosen. Ob lang oder kurz bleibt Ihnen überlassen. Gut sind auch hier Mikrofasern, es darf aber auch einfache Baumwolle sein.

Socken

Normale Sportsocken aus Baumwolle sind fürs Training gut geeignet und völlig ausreichend. Wer zu Blasen neigt, sollte aber zu speziellen Laufsocken aus dem Fachgeschäft greifen, die keine innenliegenden Nähte haben.

Der richtige Untergrund

Laufwettbewerbe gehören zu den ältesten Disziplinen der Leichtathletik. Geändert hat sich lediglich der Untergrund, auf dem die Athleten laufen. Lange Zeit waren Rasen- und Aschebahnen üblich, doch beide Beläge sind langsam und sehr witterungsabhängig. In den USA wurde Anfang der Sechzigerjahre die Kunststoffbahn erfunden. Der neue Belag war allwettertauglich, pflegeleicht und schnell. Trotz dieser Vorteile verging einige Zeit, bis sich der neue Untergrund weltweit durchsetzte. Mittlerweile ist die Kunststoffbahn jedoch Standard, und ich selbst kenne die alten Beläge nur noch aus Erzählungen.

Wechseln Sie ganz bewusst öfter mal die Route. Denn die Abwechslung tut nicht nur Ihrer Motivation gut, sondern auch Ihren Füßen. Schließlich hat jeder Belag seine Vor- und Nachteile.

Laufen auf Bahnen und in freier Natur

Heute finden alle wichtigen nationalen und internationalen Wettkämpfe auf Kunststoffbahnen statt. Die Standardlaufbahn ist 400 Meter lang und in acht Einzelbahnen unterteilt, die genau 1,22 bis 1,25 Meter breit und mit fünf Zentimeter breiten Linien gekennzeichnet sind. Wer diese Bahn im Wettkampf verlässt, wird disqualifiziert.

Im Training läuft man natürlich nicht immer in diesen engen Bahnen. Von Asphalt über Feldwege, Gras und Sand bis hin zum Laufband ist alles möglich.

Asphalt

Keine Angst vor Asphalt! In der Regel haben Sie durch Ihre Muskulatur und mit dem richtigen Laufschuh genügend Dämpfung, um die »Schläge« des sehr harten Belags abzufangen. Für Asphalt spricht, dass man auf ihm sehr gleichmäßig laufen und den Fuß sehr kontrolliert aufsetzen kann. Sie sollten Asphaltstrecken jedoch meiden, wenn Sie sich bei der Dämpfung ausschließlich auf Ihre Schuhe verlassen müssen. Genauer gesagt: Wenn entweder Ihre Muskulatur zu schwach ist oder Sie (noch) zu schwer sind. Ob und inwieweit dies auf Sie zutrifft, können Sie mit den Tests ab Seite 27 herausfinden. Danach sollten Sie Ihre Muskulatur auf Vordermann bringen! Die besten Übungen für Läufer finden Sie ab Seite 69.

Feld- und Waldwege

Der Unterschied zwischen Asphalt und Feld- bzw. Waldwegen ist nicht sehr groß. Die natürlichen Untergründe bieten zwar etwas mehr Dämpfung, geben dafür aber weniger Stabilität. Trotzdem: Ich finde, dass man sich in der freien Natur einfach besser entspannen kann als im Straßenverkehr.

Gras und Sand

Diese beiden Untergründe laden geradezu ein, barfuß zu laufen. Das Laufen ohne Schuhe kräftigt die Fußmuskulatur und gibt uns unmittelbaren Kontakt zum Untergrund. Außerdem erhalten Sie ganz nebenbei eine kostenlose Fußreflexzonenmassage.
Nicht vergessen: Gras und Sand sorgen zwar für eine hervorragende Dämpfung, bergen aber gleichzeitig die Gefahr umzuknicken.

Laufen Sie im Sommer immer wieder barfuß auf Rasen oder Sand. Das kräftigt die Fußmuskulatur und stärkt das Fußgewölbe.

Kunststoffbahn

Kunststoffbeläge können je nach Hersteller unterschiedliche Härten aufweisen. Die klassischen Tartanbahnen sind relativ gut gedämpft. Der ebene Untergrund gibt optimale Stabilität. Abwechslung ist allerdings kaum geboten, außer man läuft in der Gruppe. Wer hier länger als eine Stunde seine Runden drehen will, braucht schon eine gehörige Portion Motivation.

Querfeldein

Laufen Sie doch mal abseits aller ausgeschilderten Wege! Einfach kreuz und quer durch den Wald, dann über die nächste Wiese und einen Feldweg entlang. Das ist abwechslungsreich und der sich ständig verändernde Untergrund trainiert Ihre Fußstabilität. Passen Sie aber auf, wohin Sie treten. Sonst hat man schnell eine Wurzel oder ein Loch im Boden übersehen und liegt auf der Nase.

Laufband

Wenn es draußen stürmt und schneit, ist das Laufband im Fitnessstudio eine hervorragende Alternative zum Training im Freien. Größter Nachteil: Das Laufen auf der Stelle kann ganz schön langweilig werden. Zum Glück gibt es in vielen Studios Bildschirme und Musik, die das Training etwas »versüßen«.

Check it out! –

Testen Sie Ihre Fitness

Nichts ist frustrierender als auf etwas hinzuarbeiten und nicht zu wissen, ob man seinem Ziel näher kommt. Kontrollieren Sie deshalb regelmäßig Ihre Fortschritte. Doch wer eine Steigerung erkennen will, muss im Vorfeld wissen, wie es um die eigene Konstitution und Leistungsfähigkeit bestellt ist. Nur so lassen sich Fortschritte dokumentieren.

Start klar für den Check-up

Im Leistungssport sind Kontrollen des Leistungsniveaus enorm wichtig. Alle Entwicklungen werden daher genau dokumentiert und regelmäßig mit den Zielsetzungen verglichen. Die Ergebnisse fließen dann in den Trainingsprozess ein, damit der Trainingseffekt optimiert wird. Ich beispielsweise absolviere neben speziellen Sprinttests einmal im Monat eine komplette Kraftdiagnostik. Dabei werden die Kräfteverhältnisse der gesamten Rumpf- und Beinmuskulatur untersucht. Diese Messungen dienen nicht nur der Leistungsoptimierung, sie sind auch wichtig, um Verletzungen beim Laufen vorzubeugen.

Bei Leistungssportlern werden diese Krafttests mit elektronischen Messsystemen und großem Aufwand durchgeführt, was für den Freizeitsportler in dieser Form nicht möglich ist. Im Folgenden habe ich für Sie aber anerkannte Testverfahren zusammengestellt, mit denen Sie Ihr Leistungsniveau ganz einfach ermitteln können.

Für mich als Läuferin ist es ganz einfach, Fortschritte zu erkennen. Denn die Stoppuhr zeigt mir im Wettkampf unmittelbar meine Laufleistung an. Je kürzer die Zeit, desto besser die Form!

Der Körper-Check

Die folgenden drei Verfahren erlauben es Ihnen, Ihren Körper objektiv zu beurteilen. Sie zeigen Ihnen vor und während Ihres Trainingsprogramms, wo Sie »stehen« und welche Fortschritte Sie schon gemacht haben.

Der Body-Mass-Index

Das Körpergewicht hat entscheidenden Einfluss auf das Leistungsniveau und das Trainingsprogramm eines Sportlers. Richtig gut läuft es immer dann, wenn das Gewicht im Normalbereich liegt. Wiegt man dagegen zu viel oder zu wenig, sind Topleistungen nur schwer zu erbringen.

Wie es um Ihr »Idealmaß« bestellt ist, können Sie mit dem Body-Mass-Index schnell und einfach bestimmen. Die folgende Formel hilft Ihnen dabei. Sie müssen nur noch Ihr aktuelles Körpergewicht und Ihre Körpergröße einsetzen:

BMI = Körpergewicht (in Kilogramm) : (Körpergröße × Körpergröße (in Metern))

Mein BMI beispielsweise errechnet sich nach dieser Formel wie folgt:
Ich wiege 59 Kilo und bin 1,69 Meter groß

$$\frac{59\ \text{kg}}{(1{,}69\ \text{m} \times 1{,}69\ \text{m})} = 20{,}7$$

Wenn Sie die Zahlen hinter dem Komma nicht interessieren, müssen Sie den BMI nicht unbedingt errechnen. Sie können Ihn dann von der nebenstehenden Tabelle ablesen. Der BMI-Wert bedarf aber – egal, ob errechnet oder abgelesen – einer Bewertung.

- Liegt der BMI unter 18 ist man untergewichtig. Trifft dies auf Sie zu, sollten Sie versuchen, mehr Gewicht aufzubauen. Liegt Ihr Wert deutlich unter 18, müssen Sie ärztlichen Rat einholen.
- Mit einem BMI zwischen 18 und 25 hat man Normalgewicht. Trifft dies auf Sie zu? Glückwunsch! Für Ihr Training empfehle ich folgendes: Fördern Sie durch ein gezieltes Lauftraining Ihre Leistungs- und Regenerationsfähigkeit. Ein begleitendes Kräftigungsprogramm bringt Ihren Körper in Bestform. Anleitung und genaue Trainingspläne finden Sie ab Seite 108.
- Leichtes Übergewicht hat man mit einem BMI zwischen 26 und 30. Wenn Ihr BMI-Wert in diesem Bereich liegt, sollten Sie abnehmen. Trainieren Sie dazu verstärkt Ihre Ausdauer, um die überflüssigen Fettpölsterchen zum schmelzen zu bringen. Ein begleitendes Krafttraining strafft Ihre Muskulatur, formt Ihren Körper und baut neue Muskelmasse auf, die zusätzlich Kalorien verbrennt. Das ideales Trainingskonzept für Ihren Gewichtstyp finden Sie auf Seite112f.
- Liegt Ihr BMI über 30 ist eine Gewichtsabnahme aus gesundheitlichen Gründen dringend anzuraten. Achten Sie also auf Ihre Ernährung und reduzieren Sie unbedingt die Kalorienzufuhr. Sehr wichtig ist zudem ein Ausdauertraining, um Ihren Energiehaushalt anzukurbeln (siehe Seite 82 ff).

KÖRPERGEWICHT IN KILOGRAMM

	1,55	1,57	1,59	1,61	1,63	1,65	1,67	1,69	1,71	1,73	1,75	1,77	1,79	1,81	1,83	1,85	1,87	1,89	1,91	1,93	1,95	1,97	1,99	2,01
120	50	49	47	46	45	44	43	42	41	40	39	38	37	37	36	35	34	34	33	32	32	31	30	30
119	50	48	47	46	45	44	43	42	41	40	39	38	37	36	36	35	34	33	33	32	31	31	30	29
118	49	48	47	46	44	43	42	41	40	39	39	38	37	36	35	34	34	33	32	32	31	30	30	29
117	49	47	46	45	44	43	42	41	40	39	38	37	37	36	35	34	33	33	32	31	31	30	30	29
116	48	47	46	45	44	43	42	41	40	39	38	37	36	35	35	34	33	32	32	31	31	30	29	29
115	48	47	45	44	43	42	41	40	39	38	38	37	36	35	34	34	33	32	32	31	30	30	29	28
114	47	46	45	44	43	42	41	40	39	38	37	36	36	35	34	33	33	32	31	31	30	29	29	28
113	47	46	45	44	43	42	41	40	39	38	37	36	35	34	34	33	32	32	31	30	30	29	29	28
112	47	45	44	43	42	41	40	39	38	37	37	36	35	34	33	33	32	31	31	30	29	29	28	28
111	46	45	44	43	42	41	40	39	38	37	36	35	35	34	33	32	32	31	30	30	29	29	28	27
110	46	45	44	42	41	40	39	39	38	37	36	35	34	34	33	32	31	31	30	30	29	28	28	27
109	45	44	43	42	41	40	39	38	37	36	36	35	34	33	33	32	31	31	30	29	29	28	28	27
108	45	44	43	42	41	40	39	38	37	36	35	34	34	33	32	32	31	30	30	29	28	28	27	27
107	45	43	42	41	40	39	38	37	37	36	35	34	33	33	32	31	31	30	29	29	28	28	27	26
106	44	43	42	41	40	39	38	37	36	35	35	34	33	32	32	31	30	30	29	28	28	27	27	26
105	44	43	42	41	40	39	38	37	36	35	34	34	33	32	31	31	30	29	29	28	28	27	27	26
104	43	42	41	40	39	38	37	36	36	35	34	33	32	32	31	30	30	29	29	28	27	27	26	26
103	43	42	41	40	39	38	37	36	35	34	34	33	32	31	31	30	29	29	28	28	27	27	26	25
102	42	41	40	39	38	37	37	36	35	34	33	33	32	31	30	30	29	29	28	27	27	26	26	25
101	42	41	40	39	38	37	36	35	35	34	33	32	32	31	30	30	29	28	28	27	27	26	26	25
100	42	41	40	39	38	37	36	35	34	33	33	32	31	31	30	29	29	28	27	27	26	26	25	25
99	41	40	39	38	37	36	35	35	34	33	32	32	31	30	30	29	28	28	27	27	26	26	25	25
98	41	40	39	38	37	36	35	34	34	33	32	31	31	30	29	29	28	27	27	26	26	25	25	24
97	40	39	38	37	37	36	35	34	33	32	32	31	30	30	29	28	28	27	27	26	26	25	24	24
96	40	39	38	37	36	35	34	34	33	32	31	31	30	29	29	28	27	27	26	26	25	25	24	24
95	40	39	38	37	36	35	34	33	32	32	31	30	30	29	28	28	27	27	26	26	25	24	24	24
94	39	38	37	36	35	35	34	33	32	31	31	30	29	29	28	27	27	26	26	25	25	24	24	23
93	39	38	37	36	35	34	33	33	32	31	30	30	29	28	28	27	27	26	25	25	24	24	23	23
92	38	37	36	35	35	34	33	32	31	31	30	29	29	28	27	27	26	26	25	25	24	24	23	23
91	38	37	36	35	34	33	33	32	31	30	30	29	28	28	27	27	26	25	25	24	24	23	23	23
90	37	37	36	35	34	33	32	32	31	30	29	29	28	27	27	26	26	25	25	24	24	23	23	22
89	37	36	35	34	33	33	32	31	30	30	29	28	28	27	27	26	25	25	24	24	23	23	22	22
88	37	36	35	34	33	32	32	31	30	29	29	28	27	27	26	26	25	25	24	24	23	23	22	22
87	36	35	34	34	33	32	31	30	30	29	28	28	27	27	26	25	25	24	24	23	23	22	22	22
86	36	35	34	33	32	32	31	30	29	29	28	27	27	26	26	25	25	24	24	23	23	22	22	21
85	35	34	34	33	32	31	30	30	29	28	28	27	27	26	25	25	24	24	23	23	22	22	21	21
84	35	34	33	32	32	31	30	29	29	20	27	27	26	26	25	25	24	24	23	23	22	22	21	21
83	35	34	33	32	31	30	30	29	28	28	27	26	26	25	25	24	24	23	23	22	22	21	21	21
82	34	33	32	32	31	30	29	29	28	27	27	26	26	25	24	24	23	23	22	22	22	21	21	20
81	34	33	32	31	30	30	29	28	28	27	26	26	25	25	24	24	23	23	22	22	21	21	20	20
80	33	32	32	31	30	29	29	28	27	27	26	26	25	24	24	23	23	22	22	21	21	21	20	20
79	33	32	31	30	30	29	20	20	27	26	26	25	25	24	24	23	23	22	22	21	21	20	20	20
78	32	32	31	30	20	29	28	27	27	26	25	25	24	24	23	23	22	22	21	21	21	20	20	19
77	32	31	30	30	29	28	28	27	26	26	25	25	24	24	23	22	22	22	21	21	20	20	19	19
76	32	31	30	29	29	28	27	27	26	25	25	24	24	23	23	22	22	21	21	20	20	20	19	19
75	31	30	30	29	28	28	27	26	26	25	24	24	23	23	22	22	21	21	21	20	20	19	19	19
74	31	30	29	29	28	27	27	26	25	25	24	24	23	23	22	22	21	21	20	20	19	19	19	18
73	30	30	29	28	27	27	26	26	25	24	24	23	23	22	22	21	21	20	20	20	19	19	18	18
72	30	29	28	28	27	26	26	25	25	24	24	23	22	22	21	21	21	20	20	19	19	19	18	18
71	30	29	28	27	27	26	25	25	24	24	23	23	22	22	21	21	20	20	19	19	19	18	18	18
70	29	28	28	27	26	26	25	25	24	23	23	22	22	21	21	20	20	20	19	19	18	18	18	17
69	29	28	27	27	26	25	25	24	24	23	23	22	22	21	21	20	20	19	19	19	18	18	17	17
68	28	28	27	26	26	25	24	24	23	23	22	22	21	21	20	20	19	19	19	18	18	18	17	17
67	28	27	27	26	25	25	24	23	23	22	22	21	21	20	20	20	19	19	18	18	18	17	17	17
66	27	27	26	25	25	24	24	23	23	22	22	21	21	20	20	19	19	18	18	18	17	17	17	16
65	27	26	26	25	24	24	23	23	22	22	21	21	20	20	19	19	19	18	18	17	17	17	16	16
64	27	26	25	25	24	24	23	22	22	21	21	20	20	20	19	19	18	18	18	17	17	16	16	16
63	26	26	25	24	24	23	23	22	22	21	21	20	20	19	19	18	18	18	17	17	17	16	16	16
62	26	25	25	24	23	23	22	22	21	21	20	20	19	19	19	18	18	17	17	17	16	16	16	15
61	25	25	24	24	23	22	22	21	21	20	20	19	19	19	18	18	17	17	17	16	16	16	15	15
60	25	24	24	23	23	22	22	21	21	20	20	19	19	18	18	18	17	17	16	16	16	15	15	15
59	25	24	23	23	22	22	21	21	20	20	19	19	18	18	18	17	17	17	16	16	16	15	15	15
58	24	24	23	22	22	21	21	20	20	19	19	19	18	18	17	17	17	16	16	16	15	15	15	14
57	24	23	23	22	21	21	20	20	19	19	19	18	18	17	17	17	16	16	16	15	15	15	14	14
56	23	23	22	22	21	21	20	20	19	19	18	18	17	17	17	16	16	16	15	15	15	14	14	14
55	23	22	22	21	21	20	20	19	19	18	18	18	17	17	16	16	16	15	15	15	14	14	14	14
54	22	22	21	21	20	20	19	19	18	18	18	17	17	16	16	16	15	15	15	14	14	14	14	13
53	22	22	21	20	20	19	19	19	18	18	17	17	17	16	16	15	15	15	15	14	14	14	13	13
52	22	21	21	20	20	19	19	18	18	17	17	17	16	16	16	15	15	15	14	14	14	13	13	13
51	21	21	20	20	19	19	18	18	17	17	17	16	16	16	15	15	15	14	14	14	13	13	13	13
50	21	20	20	19	19	18	18	18	17	17	16	16	16	15	15	15	14	14	14	13	13	13	13	12

KÖRPERLÄNGE IN METERN

BMI ab 40	BMI 30–40	BMI 25–30	BMI 20–25	BMI 12–20
Extremes Übergewicht	Übergewicht	Leichtes Übergewicht	Ihr Gewicht ist ok	Untergewicht

Der Körperfettanteil

Die Körperfettanalyse ist ein modernes und relativ einfaches Verfahren, um die Verfassung des Körpers objektiv zu beurteilen. Denn der BMI sagt nichts über den Körperfettanteil aus. Eine durchtrainierte Person kann nämlich aufgrund ihrer Muskelmasse ein relativ hohes Körpergewicht und damit einen hohen BMI haben, obwohl ihr Körperfettanteil sehr niedrig ist. Umgekehrt kann ein leichter Mensch einen hohen Fettwert aufweisen, was auf einen schlechten Trainingszustand schließen lässt.

Bei der Körperfettanalyse wird der prozentuale Anteil von Fett am Gesamtgewicht bestimmt. Die Methode ergänzt so die BMI-Gewichtsbeurteilung. Der Fettanteil lässt sich mit speziellen Körperfettwaagen einfach und schnell bestimmen. Günstige Modelle sind bereits ab etwa 70,- Euro im Handel erhältlich.

Körperfettanteil

	Männer	Frauen
Essenzielles Fett	< 5 %	< 12 %
Athletisch	5–13 %	12–22 %
Gesund	14–30 %	23-33 %
Übergewicht	> 30 %	> 33 %

Die Ruheherzfrequenz

Ein weiteres Indiz für Ihren Trainingszustand ist die so genannte Ruheherzfrequenz (RHF). Sie beschreibt die Anzahl der Pulsschläge in völliger Ruhe. Je geringer die Anzahl der Herzschläge ist, desto besser ist Ihre Konstitution. Messen Sie Ihre RHF im Liegen und am besten direkt nach dem Aufwachen. Tasten Sie Ihren Puls an der Halsschlagader mit Zeige- und Mittelfinger. Zählen Sie 15 Sekunden die Anzahl der Herzschläge und nehmen Sie den Wert mal vier.

Da in erster Linie der Trainingszustand die Ruheherzfrequenz beeinflusst, wird sich Ihr Wert bei regelmäßiger sportlicher Betätigung über mehrere Monate verringern. Übrigens: Eine Verschlechterung Ihrer Ruheherzfrequenz kann Zeichen für ein Übertraining oder eine Krankheit sein. Eine regelmäßige Kontrolle ist deshalb sinnvoll.

Auswertung der Ruheherzfrequenz (RHF)

RHF	Beurteilung
> 80 Schläge/min	Zu hohe RHF
60–80 Schläge/min	Durchschnittliche RHF
50–60 Schläge/min	RHF eines Sportlers
< 50 Schläge/min	RHF eines Leistungssportlers

Leistungs-Check

Trainieren Sie wie die Profis, und überprüfen Sie Ihren aktuellen Leistungsstand! Die folgenden Tests zu Kraftausdauer, Ausdauer, Schnellkraft, Koordination und Beweglichkeit helfen Ihnen dabei, Schwächen zu erkennen und Ihr Programm darauf abstimmen. Wiederholen Sie die einzelnen Tests in regelmäßigem Abstand von vier Wochen und tragen Sie die Ergebnisse in der Leistungstabelle auf Seite 43 ein. Bei konsequentem Training werden sich schnell die ersten Erfolge einstellen.

Wichtig für die folgenden Tests ist, dass Sie …
… die einzelnen Testbeschreibungen genau beachten. Eine korrekte Durchführung ist Voraussetzung für die richtige Beurteilung Ihrer Leistung.
… bei Schmerzen den Test sofort abbrechen. Das gleiche gilt für Atemnot, Schwindel oder Beklemmungsgefühle.
… Ihre Ergebnisse in der Leistungstabelle dokumentieren.

Kraftausdauertest

Ziel dieses Tests ist es, die Übungen mit der höchst möglichen Anzahl von Wiederholungen zu absolvieren. Um ein objektives Ergebnis zu erhalten, müssen Sie sie dazu genau wie beschrieben ausführen. Die Bewegungen sollten fließend, die Bewegungsgeschwindigkeit langsam und gleichmäßig sein. Vermeiden Sie Ausweichbewegungen, denn sie verfälschen das Ergebnis. Sobald Sie die Position nicht mehr halten können, beenden Sie die Übung. Vergleichen Sie im Anschluss Ihr Ergebnis mit den Normtabellen. Diese enthalten die Wiederholungszahlen, die Sie Ihrem Geschlecht und Alter entsprechend erzielen sollten.

1. Rumpfmuskulatur: Legen Sie sich mit angezogenen Füßen auf den Bauch, und stützen Sie sich auf die Unterarme. Die Arme sind parallel, und die Daumen zeigen nach oben. Halten Sie Rumpf und Beine gestreckt. Der gesamte Körper bildet eine Linie. Vermeiden Sie ein Absinken ins Hohlkreuz, indem Sie die Bauchdecke leicht einziehen (1).

Heben Sie nun abwechselnd im 1-Sekunden-Rhythmus das linke und das rechte Bein gestreckt um eine Schuhlänge vom Boden ab (2).

Beenden Sie den Test, wenn Sie die gestreckte Rumpfposition nicht mehr halten können. Zählen Sie Ihre maximale Wiederholungszahl und vergleichen Sie das erzielte Ergebnis mit der Normtabelle.

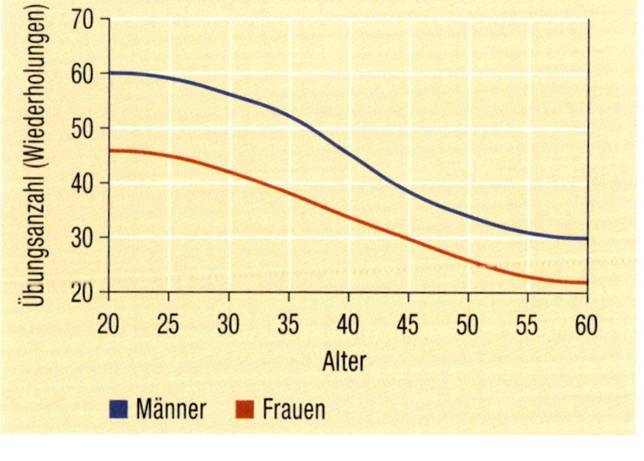

2. Bauchmuskulatur: Legen Sie sich auf den Rücken. Winkeln Sie die Beine an, und stellen Sie die Fersen auf den Boden. Die Arme vor der Brust kreuzen, und die Hände auf die Schlüsselbeine legen. Heben Sie den Kopf etwas vom Boden ab (1).

Rollen Sie nun Ihren Oberkörper ein, bis die Schulterblätter den Boden nicht mehr berühren. Kehren Sie in die Ausgangsstellung zurück, ohne die Schultern und den Kopf ganz abzulegen. Ein Bewegungszyklus (Auf und Ab) sollte etwa zwei Sekunden dauern (2).

Brechen Sie die Übung ab, wenn Sie den Bewegungsablauf nicht mehr sauber ausführen können. Vergleichen Sie Ihre erreichte Wiederholungszahl mit den Werten der Normtabelle.

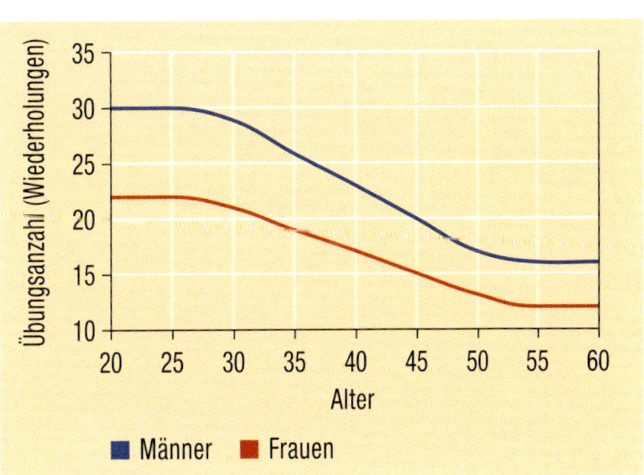

3. Rückenmuskulatur: Gehen Sie in den Kniestand. Kreuzen Sie die Arme vor der Brust, und legen Sie die Hände auf die Schlüsselbeine. Neigen Sie den Oberkörper so weit nach unten, bis die Stirn leicht den Boden berührt (1).

Strecken Sie nun Ihren Rücken, und richten Sie den Oberkörper langsam auf. Die Stellung der Beine und des Beckens darf dabei nicht verändert werden! Die Bewegungsgeschwindigkeit sollte bei etwa zwei Sekunden pro Bewegungszyklus (Auf und Ab) liegen (2).

Beenden Sie die Übung, wenn Sie den Oberkörper nicht mehr ruhig heben können. Vergleichen Sie dann die erreichte Wiederholungszahl mit den Werten in der nebenstehenden Normtabelle (links).

4. Seitliche Rumpfmuskulatur: Stützen Sie sich seitlich auf Ihren Unterarm. Halten Sie Ihre Füße parallel. Die Hüfte ist gestreckt (1).

Heben Sie das Becken an, bis der Rumpf gestreckt ist. Kehren Sie zurück in die Ausgangsstellung, ohne das Becken auf der Unterlage abzusetzen. Der Bewegungsablauf sollte etwa zwei Sekunden dauern (2).

Testen Sie beide Seiten. Notieren Sie jeweils die Anzahl der erreichten Wiederholungen und vergleichen Sie die Ergebnisse mit den Werten in der Normtabelle (unten rechts).

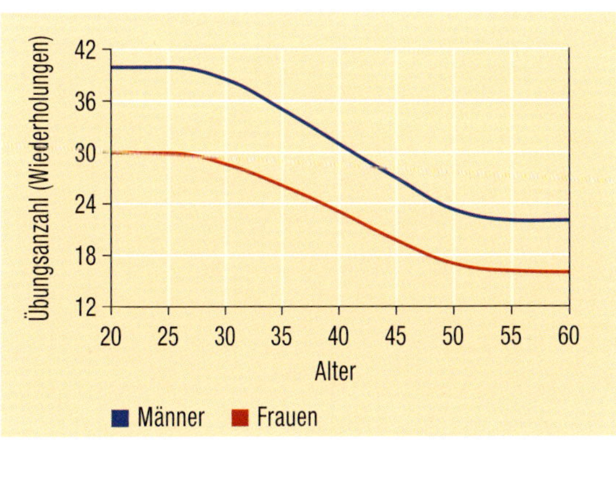

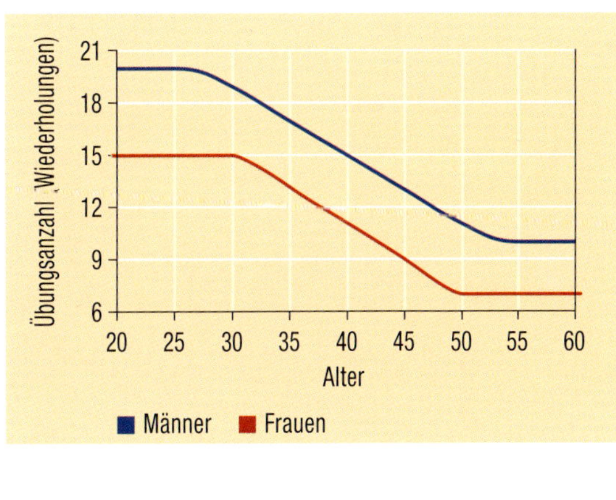

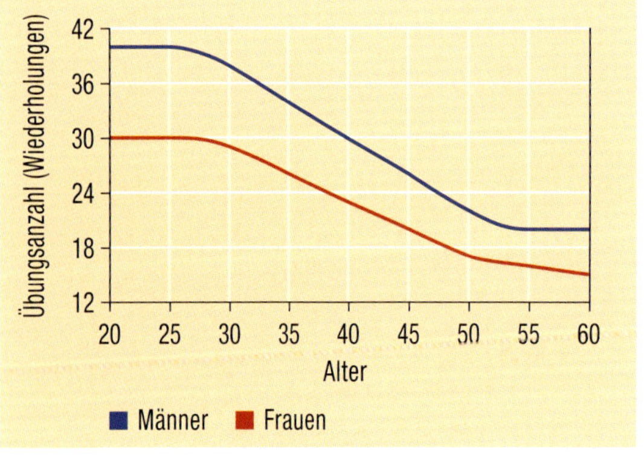

5. Äußere Hüftmuskulatur: Legen Sie sich seitlich auf den Boden. Schieben Sie das untere Bein rechtwinklig nach vorne, das obere Bein bleibt gestreckt in der Waagerechten (1).

Heben Sie das obere Bein um etwa 30 Grad an. Hüfte und Knie sind dabei gestreckt, die Fußspitze zeigt nach vorne. Senken Sie das Bein zurück in die Ausgangsstellung, ohne den Fuß abzulegen. Die Bewegung sollte in etwa zwei Sekunden durchgeführt werden (2).

Testen Sie beide Seiten, und vergleichen Sie die Ergebnisse mit den Werten der Normtabelle.

6. Hintere Oberschenkel- und Hüftmuskulatur: Legen Sie sich auf den Rücken, und winkeln Sie die Beine an. Heben Sie ein Bein parallel zum Oberschenkel des anderen an (1).

Strecken Sie Ihre Hüfte, und heben Sie das Becken bis der gesamte Körper eine Linie bildet. Vermeiden Sie das seitliche Absinken des Beckens. Kehren Sie zurück in die Ausgangsstellung ohne das Gesäß abzusetzen. Das Ganze sollte etwa zwei Sekunden dauern (2).

Testen Sie beide Seiten und vergleichen Sie die Werte mit der Tabelle.

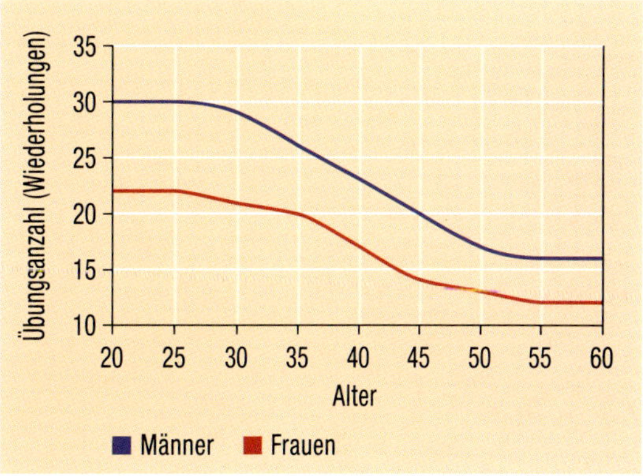

7. Vordere Oberschenkelmuskulatur: Stellen Sie sich seitlich an eine Wand, und stützen Sie sich mit den Fingerspitzen einer Hand auf Schulterhöhe ab. Das innere Bein beugen und etwas vom Boden abheben. Das Standbein ist nicht ganz durchgestreckt (1).

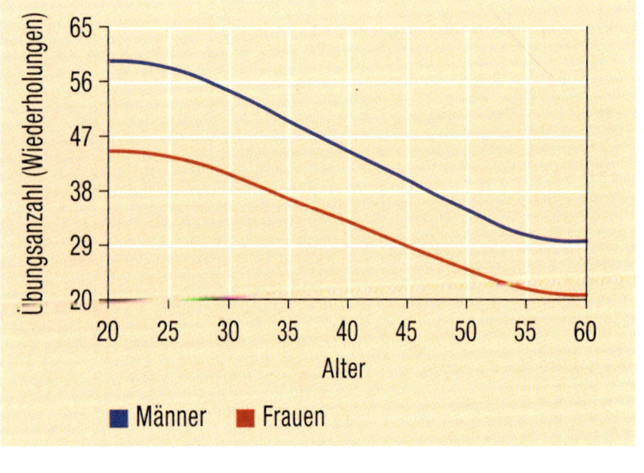

Beugen Sie das Standbein bis auf etwa 60 Grad, und bringen Sie es anschließend zurück in die Ausgangsposition. Die Bewegungsgeschwindigkeit sollte etwa zwei Sekunden pro Bewegungszyklus betragen (2).

Testen Sie beide Seiten. Notieren Sie die Werte und vergleichen Sie Ihre erzielten Wiederholungszahlen mit der Normtabelle.

8. Wadenmuskulatur: Stellen Sie sich seitlich an eine Wand, und stützen Sie sich mit den Fingerspitzen auf Schulterhöhe daran ab. Das innere Bein etwas vom Boden heben (1).

Drücken Sie den Körper mit den Fußballen so weit wie möglich nach oben. Kehren Sie zurück in die Ausgangsposition, ohne die Ferse auf den Boden zu setzen. Ein Bewegungszyklus sollte etwa zwei Sekunden dauern (2).

Brechen Sie die Übung ab, wenn Sie den Körper nicht mehr heben können. Testen Sie auch die andere Seite. Vergleichen Sie die Anzahl der von Ihnen erreichten Wiederholungen mit den Werten der Normtabelle.

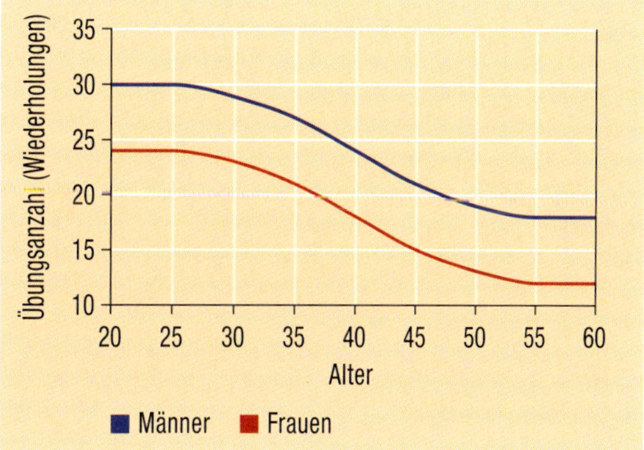

9. Schulterblattfixatoren: Lehnen Sie sich mit dem Rücken an eine Wand. Die Füße sind etwa eineinhalb Fußlängen von dieser entfernt. Heben Sie die Ellbogen auf Schulterhöhe, und halten Sie die Unterarme horizontal nach vorne. Den Körper anspannen, bis er eine gerade Linie bildet (1).

Drücken Sie mit den Ellbogen den gestreckten Körper von der Wand ab, bis die Schulterblätter etwa drei Zentimeter von der Wand abheben. Kehren Sie zurück in die Ausgangsposition, ohne dabei die Schulterblätter an der Wand abzustützen. Halten Sie den Körper während der ganzen Übung gestreckt, und vermeiden Sie Ausweichbewegungen der Hüfte. Führen Sie den vollständigen Bewegungsablauf in etwa zwei Sekunden aus (2).

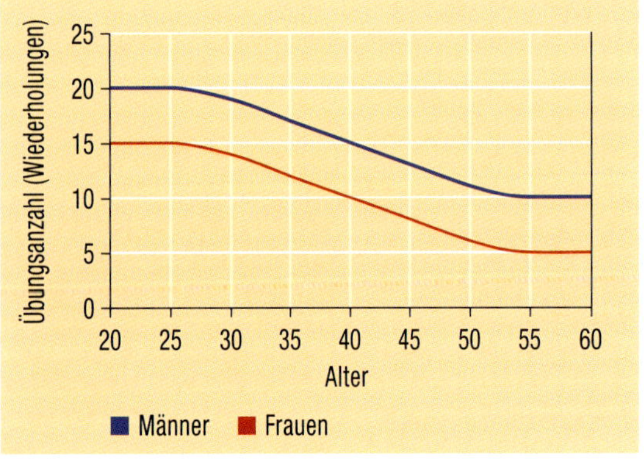

Beenden Sie die Übung, wenn Sie sich nicht mehr von der Wand abdrücken können. Notieren Sie die Zahl der Wiederholungen, und vergleichen Sie diese mit dem Wert der Normtabelle auf Seite 36.

Ausdauertest

Mit dem folgenden Test, dem so genannten Cooper-Test, überprüfen Sie Ihre allgemeine, aerobe Laufausdauer. Aerob bedeutet, dass Sauerstoffverbrauch und -aufnahme ausgeglichen sind. Alles, was Sie für den Test brauchen, ist eine ausgemessene Laufbahn (zum Beispiel auf dem örtlichen Sportplatz) und eine Stoppuhr. Der Rest ist einfach: Laufen Sie in zwölf Minuten so weit Sie können. Wenn Ihnen die Puste ausgeht, dürfen Sie Gehpausen einlegen. Die folgende Tabelle zeigt Ihren aktuellen Leistungsstand an.

Normtabelle Ausdauer

		20–29 Jahre	30–39 Jahre	40–49 Jahre	50–59 Jahre
Überragend	m	> 2820 m	> 2700 m	> 2640 m	> 2530 m
	w	> 2320 m	> 2220 m	> 2140 m	> 2080 m
Sehr gut	m	2640–2820 m	2510–2700 m	2460–2640 m	2320–2530 m
	w	2160–2320 m	2080–2220 m	2000–2140 m	1900–2080 m
Gut	m	2400–2630 m	2340–2500 m	2240–2450 m	2100–2310 m
	w	1970–2150 m	1900–2070 m	1790–1990 m	1700–1890 m
Mittel	m	2110–2390 m	2100–2330 m	2000–2230 m	1870–2090 m
	w	1790–1960 m	1700–1890 m	1580–1780 m	1500–1690 m
Schwach	m	1950–2100 m	1890–2090 m	1820–1990 m	1650–1860 m
	w	1540–1780 m	1500–1690 m	1410–1570 m	1340–1490 m
Sehr schwach	m	< 1950 m	< 1890 m	< 1820 m	< 1650 m
	w	< 1540 m	< 1500 m	< 1410 m	< 1340 m

Schnellkrafttest

Meine Stärke beim Sprint ist meine Schnellkraft. Durch Sie kann ich auf den ersten Metern nach dem Startschuss die Konkurrenz hinter mir lassen. Mit dem nächsten Test können Sie die Schnellkraft Ihrer Beinmuskulatur messen. Vielleicht stecken ja verborgene Talente in Ihnen!

1

2

Sie benötigen ein Maßband, das Sie senkrecht an einer hohen Wand befestigen. Stellen Sie sich seitlich an die Wand (1) und springen Sie mit beiden Beinen aus dem Stand so hoch Sie können. Schwungholen mit Armen und Körper ist erlaubt. Berühren Sie mit gestrecktem Arm den höchsten Punkt der Wand (2). Messen Sie dann den Abstand zwischen der normalen Griffhöhe und der erzielten Sprunggriffhöhe, und vergleichen Sie Ihren Wert mit der Tabelle.

Normtabelle Schnellkraft

		20–29 Jahre	30–39 Jahre	40–49 Jahre	50–59 Jahre
Sehr gut	m	> 54 cm	> 50 cm	> 45 cm	> 41 cm
	w	> 36 cm	> 34 cm	> 29 cm	> 26 cm
Gut	m	50–54 cm	46–50 cm	41–45 cm	38–41 cm
	w	33–36 cm	31–34 cm	27–29 cm	23–26 cm
Mittel	m	46–49 cm	42–45 cm	37–40 cm	33–37 cm
	w	28–32 cm	26–30 cm	24–26 cm	20–22 cm
Schwach	m	42–45 cm	38–41 cm	33–36 cm	29–32 cm
	w	24–27 cm	22–25 cm	20–23 cm	16–19 cm
Sehr schwach	m	< 42 cm	< 38 cm	< 33 cm	< 29 cm
	w	< 24 cm	< 22 cm	< 20 cm	< 16 cm

Koordinationstest

Nicht nur Kraft und Ausdauer sind entscheidend für Ihre Leistung. In der Praxis ist auch wichtig, wie Sie Ihre Power in eine ökonomische Bewegung umsetzen können. Jede menschliche Bewegung unterliegt einer zentralen Steuerung. Motorische Zentren unseres Gehirns speichern Bewegungsprogramme mit dem Ziel, unsere körperlichen Aktivitäten zu optimieren. Koordinationstraining dient also dem »Feintuning« und hilft, Kraft und Energie voll auszuschöpfen.

So testen Sie, wie es um Ihren Gleichgewichtssinn und Ihre Koordination steht:

Stehen Sie auf einem Bein. Die Fußsohle des anderen Beines stellen Sie an das Knie des Standbeins. Strecken Sie die Arme zur Seite. Schließen Sie dann die Augen und messen Sie die Standzeit. Wiederholen Sie die Übung auf der anderen Seite. Sie haben je zwei Versuche. Das beste Ergebnis zahlt.

Normtabelle Koordination

		–39 Jahre	40–49 Jahre	50–59 Jahre
Sehr gut	m	> 18 s	> 17 s	> 14 s
	w	> 17 s	> 14 s	> 12 s
Gut	m	12–18 s	11–17 s	9–14 s
	w	12–17 s	10–14 s	7–12 s
Mittel	m	6–11 s	5–10 s	2–8 s
	w	5–11 s	4–9 s	2–6 s
Schwach	m	1–5 s	1–4 s	1 s
	w	1–4 s	1–3 s	1 s
Sehr schwach	m	0 s	0 s	0 s
	w	0 s	0 s	0 s

Beweglichkeitstest

Ein Mindestmaß an Beweglichkeit ist Grundvoraussetzung für die optimale Funktionalität der einzelnen Bewegungssysteme. Wie es um Ihre Flexibilität bestellt ist, können Sie mit den folgenden Tests schnell und einfach bestimmen. Übertriebener Ehrgeiz ist jedoch nicht zu empfehlen. Vermeiden Sie ruckartige Bewegungen, und überschreiten Sie Ihre Schmerzgrenze nicht. Vor den Tests sollten Sie sich lockern und aufwärmen (zum Beispiel mit leichten Kniebeugen, Laufen auf der Stelle). Die Tabellen im Anschluss an die jeweiligen Übungen helfen Ihnen, die Ergebnisse zu interpretieren.

1. Beinbeugemuskulatur:

Heben Sie in Rücklage das gestreckte Bein so weit es geht in die Senkrechte. Das andere Bein bleibt gestreckt am Boden liegen (eventuell mit Hilfe eines Partners). Vermeiden Sie eine Ausweichbewegung der Wirbelsäule. Gemessen wird die Hüftbeugung.

Bewertung Beinbeugemuskulatur

Testposition	Bewertung
Sie erreichen mindestens einen rechten Winkel	Sie besitzen eine überdurchschnittliche Beweglichkeit
Die Beugung erreicht fast die Senkrechte (etwa 80°)	Ihre Beweglichkeit entspricht der Norm
Das gestreckte Bein ist deutlich unterhalb der Senkrechten	Ihre Beinbeugemuskulatur ist verkürzt

2. Hüftbeugemuskulatur: Legen Sie sich mit dem Rücken auf eine Bank o. Ä. Das Gesäß endet mit der Unterlage. Ziehen Sie mit beiden Händen ein Bein so weit es geht zum Rumpf. Lassen Sie das zu testende Bein locker und entspannt hängen. Die Lendenwirbelsäule darf dabei den Kontakt zur Unterlage nicht verlieren. Für eine objektive Auswertung dieser Testeinheit ist es hilfreich, wenn ein Trainingspartner die Stellung von Hüfte und Bein überprüft.

Bewertung Hüftbeugemuskulatur

Testposition	Bewertung
Ihr Oberschenkel zeigt abwärts, das Kniegelenk ist niedriger als das Hüftgelenk	Sie besitzen eine überdurchschnittliche Beweglichkeit
Ihr Oberschenkel erreicht die Horizontale	Ihre Beweglichkeit entspricht der Norm
Ihr Oberschenkel zeigt aufwärts, das Kniegelenk steht höher als das Hüftgelenk	Ihre Hüftbeugemuskulatur ist verkürzt

3. Rumpfbeweglichkeit: Der folgende Test dient der Überprüfung der Rumpfbeweglichkeit und der Dehnfähigkeit der Beinmuskulatur.
Beugen Sie im Sitzen den Rumpf mit durchgedrückten Knien und halten Sie die Position zwei Sekunden lang. Messen Sie den Abstand der Finger zur Fußsohle. Brechen Sie die Übung bei Schmerz sofort ab!

Bewertung Rumpfbeweglichkeit

		20–29 Jahre	30–39 Jahre	40–49 Jahre	50–59 Jahre
Sehr gut	m	> 8 cm	> 6 cm	> 6 cm	> 5 cm
	w	> 13 cm	> 11 cm	> 10 cm	> 8 cm
Gut	m	3–8 cm	1–6 cm	1–6 cm	1–5 cm
	w	8–13 cm	6–11 cm	5–10 cm	3–8 cm
Mittel	m	-1–2 cm	-3–0 cm	-2–0 cm	-5–0 cm
	w	4–7 cm	2–5 cm	0–4 cm	0–2 cm
Schwach	m	-7–-2 cm	-9–-4 cm	-9–-3 cm	-11–-6 cm
	w	-1–-3 cm	-3–1 cm	-4–-1 cm	-5–-1 cm
Sehr schwach	m	< -7 cm	< -9 cm	< -9 cm	< -11 cm
	w	< -1 cm	< -3 cm	< -4 cm	< -5 cm

positive Werte = unter Sohlenniveau negative Werte = über Sohlenniveau

Test your best!

Führen Sie Protokoll über Ihre Leistungsentwicklung. Wiederholen Sie dazu die einzelnen Tests im Abstand von etwa vier Wochen. Auf diese Weise können Sie die Wirkung Ihres Trainings überprüfen. Vor allem Trainingsanfänger werden zu Beginn schnell Fortschritte erzielen. Bei systematischem Training sind dann zwischen zwei Tests im Kraft- und Ausdauerbereich Steigerungen um 10 bis 15 Prozent realistisch. Je höher Sie jedoch Ihr Leistungsniveau entwickeln, desto schwieriger wird es, die persönlichen Bestmarken zu verbessern. Außerdem hat jeder Mensch seine individuellen Leistungsgrenzen. Ich hoffe, dass ich meine Grenzen noch nicht erreicht habe und die 11-Sekunden-Schwelle innerhalb der nächsten Jahre überschreiten werde.

Leistungstabelle										
Datum										
BMI										
Körperfett										
Ruheherzfrequenz (RHF)										
Rumpfmuskulatur										
Bauchmuskulatur										
Rückenmuskulatur										
Seitliche Rumpfmuskulatur										
Äußere Hüftmuskulatur										
Hintere Oberschenkel- und Hüftmuskulatur										
Vordere Oberschenkelmuskulatur										
Wadenmuskulatur										
Schulterblattfixatoren										
Ausdauertest										
Schnellkrafttest										
Koordinationstest										
Beinbeugemuskulatur										
Hüftbeugemuskulatur										
Rumpfbeweglichkeit										

Mein Trainingskonzept –

Das umfassende Erfolgsprogramm

Um schnell zu laufen, reicht es nicht aus, »nur« zu laufen. Denn schnelles Laufen stellt hohe und vielfältige Anforderungen an den Körper, die der Freizeitsportler jedoch leider meist nicht berücksichtigt. In der Regel trainieren Jogger nur die Ausdauer. Andere körperliche Grundeigenschaften wie Kraft, Beweglichkeit, Koordination und Schnelligkeit werden dagegen vernachlässigt. Die Leistungspotenziale des Körpers sind jedoch bei einem so einseitigen Training unausgewogen, wodurch eine langfristige Leistungssteigerung gebremst wird und sich das Verletzungsrisiko erhöht. Mein Trainingsprogramm ist deshalb sehr vielseitig. Es besteht nicht nur aus Laufen, sondern aus vielen weiteren Elementen. Die Grundpfeiler meines Trainingskonzepts sind:

- Koordination,
- Kraft,
- Ausdauer,
- Schnelligkeit und
- Beweglichkeit.

Mein Trainingskonzept lehnt sich an meine Trainingsphilosophie an: maximale Leistung, aber nie auf Kosten der Gesundheit.

Die richtige Lauftechnik – Koordinationstraining

»Laufen kann doch jeder.« Diese Aussage hört man häufig. Ich sehe das allerdings etwas anders! Zwar zählt Laufen sicherlich zu den technisch eher einfacheren Sportarten, schnelles Laufen allerdings ist bei weitem nicht so einfach und bedarf eines gezielten Techniktrainings. Auch mit Blick auf die Gesundheit empfehle ich auf dieses zu achten, denn eine unsaubere Lauftechnik birgt das Risiko, sich zu verletzen oder den Bewegungsapparat zu überlasten. Selbst ich muss noch ständig an meiner Lauftechnik feilen und verwende einen beträchtlichen Teil der gesamten Trainingszeit auf die Verbesserung meiner Koordination.

Wenn Sie Spitzenläufer im Fernsehen betrachten, ist Ihnen vielleicht schon einmal aufgefallen, dass einige Athleten einen optisch schönen Laufstil haben und andere eher unrund laufen. Beide sind aber gleich schnell – offenbar kann man mit unterschiedlichen Laufstilen gleich schnell laufen.

Wenn man bedenkt, wie viele Läufer es gibt, und dass sie sich alle in Körperbau und -größe unterscheiden, ist es nicht weiter verwunderlich, dass auch die Laufstile differieren. Es gibt jedoch Kriterien, die alle schnellen Läufer miteinander vereinen.

Bewegung nach vorne und nicht nach oben

Beim Laufen kostet es die meiste Energie, den Körper bei jedem Schritt gegen die Erdanziehungskraft nach oben zu beschleunigen, und ihn danach wieder abzufangen. Je geringer diese Auf- und Abbewegung ausfällt, desto ökonomischer und damit schneller ist der Laufstil. Ein Läufer mit einem guten Laufstil ist in der Lage, seinen Körperschwerpunkt immer auf einem hohen Niveau zu halten. Die speziellen Übungen zur Laufkoordination in diesem Kapitel (ab Seite 48) sollen gerade diese Fähigkeit schulen.

Auch unsere Vorfahren waren Vorfußläufer. Da sie keine gepolsterten Laufschuhe hatten, liefen sie bei höheren Geschwindigkeiten ganz automatisch auf dem Vorfuß, um die Schläge mit der Muskulatur abzufangen.

Laufen auf dem Vorfuß

Haben Sie sich schon einmal Gedanken darüber gemacht, welcher Teil Ihres Fußes beim Laufen als erstes den Boden berührt? Nein? Das sollten Sie aber, denn diese Frage entscheidet wesentlich darüber, wie schnell Sie laufen können, und ob Sie dabei dauerhaft verletzungsfrei bleiben. Im Großen und Ganzen gibt es zwei Möglichkeiten: Entweder Sie setzen Ihren Fuß mit der Ferse oder mit dem Vorfuß auf. Im Spitzensport werden Sie, bis auf ein paar Marathonläufer, niemanden finden, der über die Ferse abrollt. Bei den Freizeitläufern ist es genau umgekehrt.

Vorteile des Vorfußlaufens

Wer mit der Ferse auftritt, mutet seinem Körper unnötige Belastungen zu. Selbst bei gut dämpfenden Schuhen ist die Krafteinwirkung beim Aufprall enorm. Diese Kraft wird vom Fuß zum Knie, über die Hüfte bis in die Lendenwirbelsäule weitergeleitet. Kein Wunder, wenn irgendwann Beschwerden in diesen Bereichen auftreten. Beim Vorfußlauf hingegen werden die Kräfte von den Wadenmuskeln abgefangen; die Stoßbelastungen beim Aufsetzen des Fußes wird absorbiert.

Der Vorfußlauf ist aber nicht nur gesünder als der Fersenlauf, er ist auch noch schneller. Wenn beim Fersenlauf die Ferse den Boden berührt, befindet sie sich vor dem Körperschwerpunkt. Physikalisch wirkt dabei eine der Laufrichtung entgegengesetzte Kraft. Einfacher gesagt: Jeder Schritt auf die Ferse bremst. Ganz anders beim Vorfußlauf. Der Fußballen befindet sich im Moment des Aufsetzens wesentlich näher unter dem Körperschwerpunkt, die bremsende Wirkung entfällt. Außerdem ermöglicht das Vorfußlaufen eine aktive Zugbewegung der Muskulatur auf der Beinrückseite, was für zusätzlichen Vortrieb sorgt. Nicht umsonst laufen alle Spitzenläufer auf dem Vorfuß.

Den Laufstil langsam umstellen

Obwohl vieles dafür spricht, Ihren Laufstil auf den Vorfußlauf umzustellen, ist es nicht ratsam, dies von heute auf morgen zu tun. Denn Ihre Wadenmuskulatur ist auf die große Belastung nicht vorbereitet, was zu Problemen an der Achillessehne führen kann. Bevor Sie also Ihren Laufstil umstellen, sollten Sie gewissenhaft die in diesem Kapitel beschriebenen Übungen trainieren. Sie verbessern neben der Laufkoordination auch die Kraft der Wadenmuskulatur sowie die Belastbarkeit der passiven Strukturen, wie zum Beispiel der Achillessehne.

Das Lauf-ABC

Lauftechnische Übungen, das so genannte Lauf-ABC, werden von Leistungssportlern auf der ganzen Welt regelmäßig und intensiv trainiert. Hobbysportler dagegen verzichten in aller Regel auf ein spezielles Training der Lauftechnik, weil sie denken, Technikübungen bräuchten nur wir Profis. Das ist falsch! Wenn Sie schnell und gesund laufen wollen, führt am Lauf-ABC kein Weg vorbei. Die folgenden Regeln sollten Sie beachten:

Das Lauf-ABC ist ein Lauftechnik-Training für Anfänger, Könner und Fortgeschrittene.

- Die Übungen des Lauf-ABCs können Sie in einer eigenen Trainingseinheit absolvieren oder während des Aufwärmens für eine Lauftrainingseinheit.
- Machen Sie alle Übungen wenn möglich barfuß. Dies kommt dem natürlichen Bewegungsablauf unserer Vorfahren am nächsten. Als Untergrund eignet sich Gras am besten.
- Wärmen Sie sich in jedem Fall zunächst fünf bis zehn Minuten durch lockeres Laufen auf.
- Bei allen Übungen darf keine Ermüdung auftreten, sonst leidet die saubere Bewegungsausführung.
- Führen Sie jede Übung nur 20 Sekunden aus.
- Machen Sie anschließend eine kurze Pause, und wiederholen Sie die Übung dreimal.
- Überfordern Sie sich nicht und beachten Sie die Angaben zur Zielgruppe (Anfänger, Fortgeschrittene, Könner).

Übung 1: Rückwärtslaufen

Diese Übung vermittelt dem Anfänger einen ersten Eindruck vom Laufen auf dem Vorfuß. Denn während Sie beim Vorwärtslaufen grundsätzlich die Möglichkeit haben, über die Ferse abzurollen oder auf dem Vorfuß zu laufen, gibt es diese Möglichkeit beim Rückwärtslaufen nicht. Sie müssen auf dem Vorfuß laufen! Fehler oder Ausweichbewegungen sind kaum möglich, und das Risiko, versehentlich über die Ferse abzurollen, ist ausgeschaltet. Die Übung kräftigt außerdem die Waden- und Oberschenkelmuskulatur.
Drehen Sie sich um und laufen Sie entgegen der normalen Laufrichtung (1). Den Kopf sollten Sie etwas in Laufrichtung drehen, um nicht zu stolpern (2).

Zielgruppe:
Anfänger

Mein Tipp:

Wechseln Sie in kurzen Abständen zwischen Vorwärts- und Rückwärtslaufen, um mehr Abwechslung in die Übung zu bringen.

1

2

Übung 2: Anfersen

Die Übung wendet sich an Anfänger und Fortgeschrittene. Sie gibt ein Gefühl für den Körperschwerpunkt, stabilisiert die Körpermitte und schult das Laufen auf dem Vorfuß. Daneben wird die Muskulatur der Oberschenkelrückseite gekräftigt.

Sie laufen in lockerem Tempo auf dem Vorfuß. Ihr Oberkörper ist aufgerichtet. Nun ziehen Sie abwechselnd die linke und rechte Ferse in Richtung Po. Achten Sie dabei darauf, dass der Körper aufrecht bleibt und der Schwerpunkt nicht aus der Geraden kippt. Der Oberkörper sollte keine Auf- und Abbewegung machen. Die Arme pendeln locker diagonal mit.

Zielgruppe:
Anfänger,
Fortgeschrittene

Mein Tipp:

Sie ziehen nur bei jedem dritten Schritt die Ferse zum Po. Das ist weniger anstrengend, koordinativ aber anspruchsvoller.

Übung 3: Kniehebelauf

Der Kniehebelauf ist nur etwas für Fortgeschrittene und Könner. Er schult den Kniehub, der für schnelles Laufen sehr wichtig ist, da er eine wichtige Voraussetzung für eine große Schrittlänge darstellt. Die Übung verbessert außerdem die Oberkörperstabilität und die Kraft der Wadenmuskulatur.

Laufen Sie in langsamem, lockerem Tempo auf dem Vorfuß. Ihr Oberkörper ist aufgerichtet. Ziehen Sie nun die Knie abwechselnd bis auf Hüfthöhe nach oben (1). Achten Sie darauf, nicht mit Ihrem Oberkörper nach hinten auszuweichen, und den Schwerpunkt nicht aus der Geraden zu verlagern. Vermeiden Sie Auf- und Abbewegung des Oberkörpers. Wenn Sie ein Knie heben, schwingen Sie den gegenüberliegenden Arm aktiv nach vorne (2).

Zielgruppe: Fortgeschrittene, Könner

Mein Tipp:
Heben Sie das Knie nur bei jedem dritten Schritt. Das ist weniger anstrengend, schult die Koordination aber besser.

Übung 4: Seitliche Sprünge

Die Seitsprünge fördern gerade bei Anfängern, aber auch bei Fortgeschrittenen die Ganzkörperkoordination und stabilisieren Sprung- und Kniegelenk. Drehen Sie sich aus dem lockeren Laufen zur Seite und gehen Sie in seitliche Sprünge über. Dabei drücken Sie sich beispielsweise vom rechten Bein kräftig seitlich ab (1). Während der kurzen Flugphase ziehen Sie das rechte Bein an das linke Bein heran. Die Arme halten Sie seitlich auf Schulterhöhe (2). Landen Sie auf dem linken Bein und wiederholen Sie diese Bewegung. Der komplette Bewegungsablauf findet auf dem Vorfuß statt. Die Ferse berührt den Boden nicht. Nach 20 Sekunden springen Sie in die andere Richtung.

Zielgruppe:
Anfänger,
Fortgeschrittene

Mein Tipp:

Wenn Sie bei den seitlichen Sprüngen etwas in die Knie gehen, kräftigen Sie zusätzlich Ihre Oberschenkelmuskulatur.

Übung 5: Fußgelenkarbeit

Die Übung wendet sich an alle Zielgruppen. Sie schult in erster Linie das Gefühl für das Vorfußlaufen und soll die Streckung im Sprunggelenk bewusst machen. Außerdem dient sie der Rumpfstabilisation.

Bei der Fußgelenksarbeit finden kleine dynamische Bewegungen hauptsächlich im Sprunggelenk statt. Setzen Sie den linken Fuß mit dem Fußballen auf den Boden auf. Rollen Sie ihn nach hinten zur Ferse ab und strecken Sie das Knie. Die Ferse berührt den Boden nicht (1). Nun das gleiche mit dem rechten Bein (2). Der jeweils unbelastete Fuß befindet sich knapp über dem Boden. Es gibt keine Flugphase. Das Bewegungstempo ist kontrolliert zügig. Die Arme führen Sie jeweils diagonal gerade nach vorne bzw. nach hinten. Achten Sie auf einen stabilen Oberkörper: Er bewegt sich kaum auf und ab. Der Blick ist immer nach vorne gerichtet.

Zielgruppe:
Anfänger,
Fortgeschrittene,
Könner

1

2

Übung 6: Seitlich Überkreuzen

Für alle Zielgruppen ist folgende Übung geeignet. Sie dient besonders der Ganzkörperkoordination für das Laufen. Daneben verbessert sie aber auch die Stabilität des Sprung- und des Kniegelenks deutlich.

Gehen Sie aus dem lockeren Lauf in einen seitlichen Lauf über. Wenn Sie nach rechts laufen, überkreuzt beim ersten seitlichen Schritt das linke Bein vor dem Körper (1), beim zweiten Schritt hinter dem Körper (2). Es findet also ein abwechselndes Überkreuzen vorne und hinten statt. Absolvieren Sie die Bewegung auf dem Vorfuß, und halten Sie die Arme seitlich in Schulterhöhe. Der Oberkörper sollte sich nicht mitdrehen. Nach 20 Sekunden wechseln Sie die Laufrichtung.

Zielgruppe:
Anfänger,
Fortgeschrittene,
Könner

Mein Tipp:

Überkreuzen Sie die Beine nur vor dem Körper oder nur hinter dem Körper.

1

2

Übung 7: Hopserlauf

Diese Übung ist nur etwas für Fortgeschrittene und Könner. Sie schult das kräftige Abdrücken für das schnelle Laufen: Eine wichtige Voraussetzung für eine große Schrittlänge. Besonders intensiv wird auch die Schnellkraft der Oberschenkelmuskulatur verbessert.

Beim Hopserlauf drücken Sie sich mit einem Bein kräftig nach oben ab (1). Dabei setzen Sie zunächst mit der Ferse auf, rollen nach vorne ab, und drücken sich nun mit dem Ballen vom Boden weg. Die Kraft beim Abdrücken kommt in erster Linie aus der Waden- und Oberschenkelmuskulatur. Die Bewegung geht nach oben, nicht nach vorne. Nach der Flugphase landen Sie auf dem Vorfuß des gleichen Beines und rollen dann zurück auf die Ferse. Das unbelastete Bein wird weit nach oben angewinkelt. Beim nächsten Schritt drücken Sie sich auf die gleiche Weise mit dem anderen Bein nach oben ab (2). Die Arme führen Sie jeweils betont nach vorne und hinten.

Zielgruppe: Fortgeschrittene, Könner

Übung 8: Schrittsprünge

Die Schrittsprünge sind nur etwas für Könner. Sie schulen das Abdrücken des Fußes noch intensiver als die vorhergehende Übung. Auch die Schnellkraft wird intensiv trainiert. Bei mangelnder Grundkraft der Bein- und Rumpfmuskulatur ist diese Übung nicht zu empfehlen.

Bei den Schrittsprüngen drücken Sie sich mit einem Bein kräftig vom Boden ab und machen einen großen Sprung nach vorne. Während der Flugphase ziehen Sie das Knie des anderen Beines nach oben. Die Landung erfolgt auf dem Vorfuß (1). Die Ferse darf nicht auf den Boden durchschlagen. Springen Sie anschließend vom anderen Bein ab (2). Die Bewegung geht insgesamt nach vorne und nicht nach oben. Die Arme führen Sie jeweils betont nach vorne und hinten.

Zielgruppe:
Könner

Stabilisierende Übungen

Stabilisierende Übungen sind von großer Bedeutung, da sie bei Läufern häufig vorkommenden Beschwerden vorbeugen (zum Beispiel Zerrungen, Erkrankungen der Kniegelenke). Es handelt sich vielfach um Gleichgewichtsübungen, die die Gelenkstabilität verbessern. Sie zielen darauf ab, die bei den Kraftübungen (siehe Seite 69ff.) erarbeitete Grundkraft auch in schwierigen und labilen Situationen anwenden zu können. Die folgenden Regeln sollten Sie bei der Übungsausführung beachten:

- Die stabilisierenden Übungen stellen Sie am sinnvollsten an den Beginn einer Trainingseinheit. Möglich ist auch eine eigene kleine Einheit.
- Ein spezielles Aufwärmen ist für diese Übungen nicht nötig.
- Versuchen Sie, die vorgestellten Übungen zunächst 15, später etwa 30 Sekunden zu halten.
- Nach einer kurzen Pause wiederholen Sie die jeweilige Übung vier- bis fünfmal.

Übung 1: Einbeinstand

Stellen Sie sich auf ein Bein. Das Knie ist leicht gebeugt, die Arme halten Sie seitlich neben dem Körper. Der Blick ist nach vorne gerichtet. Versuchen Sie auf dem Standbein das Gleichgewicht zu halten. Spüren Sie, wie vor allem die Unterschenkelmuskulatur ständig arbeiten muss.
Nach der vorgegebenen Belastungszeit wechseln Sie auf das andere Bein.

Übung 2: Einbeinstand mit geschlossenen Augen

Sie stehen wieder auf einem Bein, das Knie ist leicht gebeugt und die Arme befinden sich in Seithalte. Schließen Sie nun die Augen, und versuchen Sie, das Gleichgewicht zu halten.
Wechseln Sie nach der vorgegeben Zeit auf das andere Bein.

Übung 3: Einbeinstand mit Oberkörperrotation

Sie stehen auf einem Bein, das Knie ist leicht gebeugt. Verschränken Sie nun die Arme vor der Brust, und drehen Sie den Oberkörper langsam nach links und rechts. Beginnen Sie zunächst mit kleinen Bewegungen, und lassen Sie diese mit der Zeit immer größer werden. Dadurch wird es noch schwerer, das Gleichgewicht zu halten. Auch die Muskulatur muss nun mehr arbeiten.
Wechseln Sie nach der vorgegebenen Belastungszeit auf das andere Bein.

Links: Einbeinstand mit geschlossenen Augen
Rechts: Einbeinstand mit Oberkörperrotation

Übung 4: Einbeinstand auf dem Vorfuß

Stellen Sie sich auf ein Bein. Das Knie ist leicht gebeugt, die Arme strecken Sie seitlich in Schulterhöhe ab. Der Blick ist nach vorne gerichtet. Drücken Sie nun die Ferse vom Boden weg. Sie stehen jetzt auf dem Vorfuß. Versuchen Sie in dieser Position das Gleichgewicht zu halten. Sie werden spüren, dass vor allem die Unterschenkelmuskulatur verstärkt arbeiten muss. Nach der vorgegebenen Belastungszeit wechseln Sie auf das andere Bein.

Übung 5: Einbeinstand auf dem Vorfuß mit Oberkörperrotation

Bleiben Sie in der Ausgangsstellung. Verschränken Sie die Arme vor der Brust und drehen Sie den Oberkörper nach links und rechts. Zunächst beginnen Sie mit kleinen Bewegungen, die mit der Zeit immer größer werden. Wechseln Sie nach der vorgegebenen Zeit das Bein.

Links: Einbeinstand auf dem Vorfuß
Rechts: Einbeinstand auf dem Vorfuß mit Oberkörperrotation

Übung 6: Stabilisation der Wirbelsäulenstreckung

Legen Sie sich bäuchlings auf einen Gymnastikball. Fersen, Becken und Schulter bilden eine Linie. Winkeln Sie einen Arm auf Schulterhöhe an,

und strecken Sie sie nach vorne. Nehmen Sie nun ein Bein gestreckt vom Boden und balancieren Sie auf dem Ball. Beugen und strecken Sie die Arme wechselseitig. Für den nächsten Durchgang wechseln Sie auf das andere Bein. Achten Sie immer darauf, dass Sie mit dem Oberkörper nicht absinken.

Übung 7: Stabilisation der Wirbelsäulenbeugung

Gehen Sie zunächst in den Kniestand. Legen Sie die Unterarme auf einen Gymnastikball und schieben Sie diesen etwas nach vorne. Jetzt drücken Sie

die Knie vom Boden weg – maximal zehn Zentimeter. Versuchen Sie die Position möglichst stabil zu halten.

Mein Tipp:

Je weiter Sie den Gymnastikball nach vorne schieben, desto anstrengender wird die Übung.

Übung 8: Stabilisation der Wirbelsäulenseitneigung

Stützen Sie sich seitlich mit dem Ellbogen eines Armes auf einen Gymnastikball. Die Hand des anderen Armes legen Sie vor dem Körper auf den Ball. Heben Sie nun das Becken so an, dass Ferse, Knie, Hüfte und auch die Wirbelsäule eine Linie bilden. Die Füße stellen Sie nach vorne versetzt auf den Boden. Versuchen Sie, diese Position möglichst lange stabil zu halten.

Nach der vorgegebenen Belastungszeit wechseln Sie auf die andere Seite.

Ubung 9: Stabilisation gesamte Wirbelsäule

Knien Sie sich auf einen Gymnastikball. Strecken Sie beide Arme seitlich nach außen, und versuchen Sie das Gleichgewicht zu halten. Das ist wahrscheinlich anfangs relativ schwer. Geben Sie aber nicht auf, bald wird es klappen!

Mein Tipp:

Wenn Sie sich am Anfang unsicher fühlen, können sie sich bei dieser Gleichgewichtsübung an einer Wand abstützen.

Power für Powerfrauen – Krafttraining

Wie gesagt, besteht mein Trainingsprogramm nicht nur aus Laufen. Für mich hat vor allem das Krafttraining einen hohen Stellenwert. Es macht mich nicht nur schnell, sondern hält auch meine Rückenprobleme in Grenzen, die ich aufgrund meines verwachsenen sechsten Lendenwirbels habe. Ach ja: Durch Krafttraining wird natürlich auch die Figur schlanker und sportlicher. Aber das ist für mich nur ein angenehmer Nebeneffekt.

Läufer brauchen Muskeln

Wer behauptet, ein Läufer bräuchte keine Kraft, sondern nur Ausdauer, hat schlicht keine Ahnung. Im Gegenteil: Ein gezieltes Krafttraining entlastet Bänder und Sehnen und macht sogar schneller.

Den passiven Bewegungsapparat entlasten

Anders als beim Gehen gibt es beim Laufen eine Flugphase, in der Sie mit beiden Füße über dem Boden »schweben«. Wenn Ihr Fuß am Ende dieser Phase den Boden wieder berührt, ist Ihr Bewegungsapparat enormen Kräften ausgesetzt. Schon beim langsamen Joggen muss er das doppelte Körpergewicht abfangen, beim schnellen Laufen das drei- bis vierfache, beim Sprinten gar das sechsfache.

Um dieser hohen Belastung standzuhalten, benötigen Sie eine kräftige Muskulatur. Anderenfalls würde das Gewicht einfach an den passiven Bewegungsapparat weitergeleitet. Doch Knorpel, Sehnen und Bänder können die Last nicht lange tragen – Überlastungsschmerzen sind die Folge. Werden diese ignoriert, kann es zu ernsthaften gesundheitlichen Schäden, wie Arthrose (Gelenkverschleiß) oder chronischer Sehnenentzündung kommen. Ein gezieltes, systematisches Krafttraining ist für mich daher eine wichtige Grundvoraussetzung, um verletzungsfrei zu laufen. Auch wenn das Training mit einem gewissen Zeitaufwand verbunden ist, den viele Freizeitläufer scheuen.

Kraft fördert die Schnelligkeit

Regelmäßiges Krafttraining hat aber nicht nur gesundheitliche Vorteile. Denn die Kraftsteigerung steht auch in unmittelbarem Zusammenhang mit einer erhöhten Laufgeschwindigkeit. Der Grund: Je stärker Ihre Muskulatur ist, desto kräftiger können Sie sich bei jedem Laufschritt mit den Beinen vom Boden abdrücken, und sind dadurch einfach schneller.

Mehr Muskeln, bessere Figur

Krafttraining ist gut für Ihre Figur. Gerade für Frauen gilt: Nur wenn Sie mehr Muskeln aufbauen, wird sich auch optisch etwas verändern. Da Sie beim Laufen gleichzeitig Fett verbrennen, nehmen Sie automatisch ab.

Meine Trainingsmethoden

Ich selbst nutze unterschiedliche Methoden des Krafttrainings, die stufenweise aufeinander aufbauen. Machen Sie es ebenso!
Wenn Sie Anfänger sind, beginnen Sie mit der ersten Stufe – dem Vortraining. Anschließend gehen Sie zur zweiten, dritten, womöglich gar zur vierten Stufe über. Haben Sie bereits Erfahrung mit regelmäßigem Krafttraining, können Sie gleich bei Stufe Zwei einsteigen.
Diese Art des Trainings ist nicht nur sehr effektiv und vielseitig. Wenn Sie sich an das Modell halten, haben auch Überlastung und Verletzungen keine Chance mehr. Alles wichtige Voraussetzungen, damit Sie dauerhaft Spaß haben und am Ball bleiben.
Bei jeder einzelnen Trainingsstufe stoßen Sie immer wieder auf dieselben Begriffe, die ich Ihnen vorher kurz erklären will:

1. Wiederholungen: Wenn Sie bei einer Übung beispielsweise den Arm heben und wieder senken, nennt man das eine Wiederholung. Mit Ausnahme des Vortrainings sollten in jeder Trainingsstufe nach den angegebenen Wiederholungen die Muskeln so müde sein, dass Sie es deutlich spüren. Salopp gesagt, zwingt Sie die Muskelermüdung zum Abbruch der Übung.
2. Belastungszeit: Sie können eine Wiederholung sehr schnell, aber auch sehr langsam absolvieren. Wie immer ist der Mittelweg der Beste: Im Idealfall dauert eine Wiederholung etwa zwei Sekunden. Damit Sie sehen, ob Sie richtig trainieren, ist im Stufenplan bei jeder Phase die Zeit angegeben, die Sie in etwa für die jeweilige Wiederholungszahl benötigen sollten. Wenn Sie also nicht mitzählen wollen, benützen Sie einfach eine Stoppuhr.

3. Durchgänge: Ein Durchgang besteht aus der vorgegebenen Wiederholungszahl. Um einen optimalen Trainingseffekt zu erreichen, werden mehrere Durchgänge hintereinander absolviert.
4. Pausen: Halten Sie zwischen den einzelnen Durchgängen die vorgegebene Pausenzeit ein. Je nach Dauer und vorangegangener Belastung erreichen Sie so unterschiedliche Anpassungen.
5. Trainingseinheiten: Einer der größten Trainingsfehler ist es, immer auf der gleichen Stufe zu trainieren. Halten Sie daher zwar unbedingt die angegebene Minimalzahl von Trainingseinheiten ein. Wechseln Sie aber auch zur nächsten Stufe, sobald Sie die obere Grenze erreicht haben. Gerade Frauen scheuen sich häufig vor diesem Schritt – zu Unrecht.

1. Stufe: Vortraining

Gehören Sie auch zu denen, die nach jahrelanger Sportabstinenz den Entschluss gefasst haben, endlich etwas für sich zu tun? Denken Sie nur nicht, gleich alles nachholen zu müssen, was Sie über Jahre versäumt haben! Spätestens nach zwei Wochen würden kleine, aber lästige Wehwehchen Ihre Motivation gleich wieder einbremsen.

Vortraining	
Wiederholungen	15–20
Belastungszeit	30–40 s
Durchgänge	2–3
Pausen	30 s
Trainingseinheiten pro Woche	2–3
Trainingseinheiten gesamt	Minimum 5, Maximum 10
Trainingseffekt	Vorbereitung auf höhere Belastung, Verbesserung der Belastbarkeit des passiven Bewegungsapparates (Knorpel, Sehnen, Bänder etc.)
Wirkung auf Problemzonen	keine

Mit dem Vortraining vermeiden Sie diesen Effekt. Denn in dieser Phase wird der passive Bewegungsapparat auf die höhere Belastung vorbereitet. Knorpel, Sehnen und Bänder brauchen nämlich länger um sich an die neuen Umstände anzupassen. Halten Sie sich also am Anfang zurück! Im konkreten Fall heißt das: Hören Sie mit den einzelnen Durchgängen einer Übung auf, bevor (!) Sie die Muskelermüdung spüren. Anfänger, die dieses Prinzip ignorieren, gehen nicht nur ein erhöhtes Verletzungsrisiko ein, sondern verlieren auch schnell den Spaß am Training. Berücksichtigen Sie also unbedingt Ihr geringes Leistungsniveau, und halten Sie sich mindestens zwei Wochen erst einmal zurück. Wenn Sie das Krafttraining langsam angehen, sind Sie bald bereit für die zweite Stufe.

2. Stufe: Kraftausdauertraining

Ihr passiver Bewegungsapparat hat sich bereits an höhere Belastungen angepasst. In der zweiten Stufe wird nun die Basis für das spätere Muskelaufbautraining gelegt. Denn beim Kraftausdauertraining werden die Energievorräte in der Muskulatur vergrößert.

Kraftausdauertraining	
Wiederholungen	15–30 und mehr
Belastungszeit	30–60 s und mehr
Durchgänge	3–5
Pausen	20–30 s
Trainingseinheiten pro Woche	2–4
Trainingseinheiten gesamt	Minimum 10, Maximum 20
Trainingseffekt	Verbesserung der Kraftausdauer, geringer Muskelzuwachs, geringe Verbesserung des Herz-Kreislauf-Systems, Vorbereitung auf höhere Belastungen
Wirkung auf Problemzonen	Fettabbau durch den Energieverbrauch beim Training möglichst vieler Muskelgruppen, geringer Muskelaufbau, Straffung der Muskulatur (geringer als bei Muskelaufbautraining)

Vorsicht: Gerade bei Frauen besteht die Gefahr, auf dieser Stufe stehenzubleiben. Denn viele Frauen haben Angst, zu viel Muskelmasse aufzubauen. Sie trauen sich daher nicht, mit höherer Intensität zu trainieren. Stattdessen steigern Sie die Belastung ausschließlich über die erhöhte Wiederholungszahl. Dies ist zwar über einen bestimmten Zeitraum absolut legitim. Doch nach einer gewissen Zeit braucht der Körper einfach neue Reize.

3. Stufe: Muskelaufbautraining

Während Männer sich oft ohne entsprechende Vorbereitung sofort auf das Muskelaufbautraining stürzen, gelangen viele Frauen gar nie an diesen Punkt. Sie scheuen sich, mit höherer Intensität zu trainieren, weil Sie eigentlich »nur« ihre Muskulatur straffen, nicht aber deren Umfang vergrößern wollen. Doch das eine funktioniert nicht ohne das andere. Die Spannung der Muskeln erhöht sich nämlich nur, wenn diese an Umfang zunehmen. Es gilt also auch für Frauen: Wenn sich dauerhaft und stabil etwas verandern soll, müssen Sie mit höheren Gewichten und weniger Wiederholungen arbeiten. Vorausgesetzt Sie trainieren nicht jeden Tag zwei bis drei Stunden, brauchen Sie sich dabei um unerwünschte Muskelberge keine Sorge machen.

Muskelaufbautraining	
Wiederholungen	8–15
Belastungszeit	20–30 s
Durchgänge	3–5
Pausen	1–2 min
Trainingseinheiten pro Woche	2–3
Trainingseinheiten gesamt	Minimum 20, so lange bis die gewünschte Veränderung eingetreten ist
Trainingseffekt	Muskelzuwachs durch Verdickung der Muskelfasern, Verbesserung der Maximalkraft
Wirkung auf Problemzonen	Formveränderung durch Muskelaufbau, Straffung der Muskulatur, geringer Fettabbau

4. Stufe: Maximalkrafttraining

Haben Sie alle vorangegangenen Stufen durchlaufen? Dann können Sie jetzt die Maximalkraft verbessern, indem Sie sich noch einmal steigern und für einen eng begrenzten Zeitraum mit sehr hoher Intensität und wenigen Wiederholungen trainieren.
Wenn Sie anschließend wieder mit dem Muskelaufbautraining weitermachen, werden Sie über die frühere Belastung wahrscheinlich nur noch schmunzeln können.
Die letzte Stufe meines Trainingsplans ist daher auch für all diejenigen wichtig, die schon viel Erfahrung beim Krafttraining gesammelt und den Punkt erreicht haben, ab dem einfach nichts mehr weitergeht. Denn in dieser Phase durchbrechen Sie eine (unter Umständen jahrealte) Trainingsmonotonie und bereiten den Körper auf eine neue Stufe vor.
Wenn Sie leistungsorientiert trainieren, werden Sie ebenfalls von dieser Trainingsmethode profitieren. Denn der Muskel lernt, mehr Muskelfasern in die Bewegung miteinzubeziehen (Trainingswissenschaftler nennen das die intramuskuläre Koordination). Vor der vierten Trainingsstufe arbeiten beispielsweise nur 60 Prozent aller zur Verfügung stehenden Muskelfasern an einer Bewegung mit. Durch das Maximalkrafttraining lässt sich dieser Prozentsatz erheblich steigern – allerdings nur dann, wenn zuvor die zweite und dritte Trainingsstufe durchlaufen wurde.

Maximalkrafttraining	
Wiederholungen	3–8
Belastungszeit	5–15 s
Durchgänge	3–5
Pausen	2–5 min
Trainingseinheiten pro Woche	1–2
Trainingseinheiten gesamt	Minimum 4, Maximum 10
Trainingseffekt	Steigerung der Maximalkraft, geringer Muskelzuwachs
Wirkung auf Problemzonen	keine

Meine Kraftübungen

Mit den folgenden zehn Übungen können Sie die gesamte Muskulatur von den Waden bis zu den Schultern kräftigen. So senken Sie nicht nur das Verletzungsriskio, sondern steigern auch Ihre Leistungsfähigkeit.

Übung 1: Wadenmuskulatur

Wenn Sie Vorfußläufer sind oder werden wollen, ist die Kräftigung der Wadenmuskulatur enorm wichtig. Denn die Waden müssen bei dieser Lauftechnik das volle Gewicht abfangen. Außerdem verbessert sich mit zunehmender Kraft auch die Belastbarkeit der Achillessehne, ein Bereich der bei Vorfußläufern häufig Probleme macht.

Stellen Sie sich mit der linken vorderen Fußhälfte auf eine Treppe oder eine andere Erhöhung. Halten Sie sich dabei mit einer Hand fest (zum Beispiel am Treppengeländer). Lösen Sie nun das rechte Bein vom Boden, und verlagern Sie das Gewicht auf das linke Bein. Gehen Sie leicht in die Knie, und senken Sie die linke Ferse in Richtung Boden (1).

Drücken Sie sich anschließend wieder nach oben (2). Achten Sie darauf, dass dabei die Aufwärtsbewegung nur aus dem Sprunggelenk kommt und die Knie gebeugt bleiben.

Nach der jeweiligen Wiederholungszahl wechseln Sie das Bein und trainieren die andere Seite.

Mein Tipp:

Anfänger können auch beide Fußhälften auf der Treppe aufsetzen. Dadurch wird die Übung einfacher.

Übung 2: Schienbeinmuskulatur

Um das muskuläre Gleichgewicht im Sprunggelenk zu erhalten, ist neben dem Training der Wadenmuskulatur auch das ihrer Gegenspieler – der Schienbeinmuskulatur – wichtig. Denn ein muskuläres Ungleichgewicht würde ein erhöhtes Verletzungsrisiko bedeuten.

Stellen Sie sich so mit beiden Fersen auf eine Treppe oder eine andere Erhöhung, dass jeweils etwa der halbe Fuß vorne übersteht. Halten Sie sich mit einer Hand fest (zum Beispiel am Treppengeländer). Strecken Sie die Knie ganz durch. Senken Sie nun die Fußspitzen in Richtung Boden (1). Ziehen Sie sie nun wieder nach oben. Achten Sie dabei darauf, dass Sie nicht mit der Hüfte nach hinten ausweichen (2).

Mein Tipp:

Feste Sportschuhe verhindern, dass Sie während der Bewegung nach vorne rutschen.

Übung 3: Vordere Oberschenkel- und Gesäßmuskulatur

Durch diese Übung erreichen Sie mehr Vortrieb, eine größere Schrittlänge und ein höheres Lauftempo. Sie verbessert aber auch die Belastbarkeit des Knie- und Hüftgelenks. Ein wichtiger Aspekt, denn gerade das Knie ist bei Läufern hohen Belastungen ausgesetzt und damit ein orthopädischer Schwachpunkt.

Stellen Sie sich mit dem Rücken zur Wand, und klemmen Sie einen Gymnastikball zwischen Ihren unteren Rücken und die Wand. Verlagern Sie das Gewicht auf das rechte Bein, und winkeln Sie das Knie leicht an. Führen Sie das rechte Bein nach hinten, und lehnen Sie die Fußsohle an die Wand (1). Gehen Sie jetzt langsam so weit in die Kniebeuge, bis das rechte Knie fast den Boden berührt. Halten Sie dabei den Gymnastikball mit dem unteren Rücken immer an der Wand (2). Gehen Sie langsam wieder nach oben, ohne das linke Knie ganz durchzustrecken. Wechseln Sie nach der jeweiligen Wiederholungszahl das Bein und trainieren Sie die linke Seite.

Übung 4: Hintere Oberschenkelmuskulatur

Diese Übung trainiert die hintere Oberschenkelmuskulatur, die als Gegenspieler der vorderen Oberschenkelmuskulatur Verletzungen vorbeugt. Darüber hinaus ist die Muskulatur an der Oberschenkelrückseite bei Vorfußläufern auch an der aktiven Zugbewegung beteiligt und damit für ein höheres Lauftempo verantwortlich.

Legen Sie sich auf den Rücken, und strecken Sie die Arme seitlich neben dem Körper aus. Den rechten Unterschenkel legen Sie auf einem Gymnastikball ab. Heben Sie das Becken an. Schulter, Hüfte und Knie bilden eine Linie. Winkeln Sie das linke Bein an, und ziehen Sie es in Richtung Brust.

Ziehen Sie nun den Gymnastikball mit dem rechten Bein in Richtung Po, ohne dass der Ball diesen berührt.

Wechseln Sie nach entsprechender Wiederholungszahl die Seite und trainieren Sie das linke Bein.

Mein Tipp:

Wenn Sie Gleichgewichtsprobleme haben, strecken Sie die Arme weiter vom Körper weg, um sich zu stabilisieren. Den Schwierigkeitsgrad der Übung können Sie über das Bewegungsausmaß verändern: Je näher der Ball ans Gesäß kommt, umso schwerer wird es. Anfänger können auch beide Beine auf den Ball legen. Dadurch wird die Übung einfacher.

Übung 5: Hüftmuskulatur

Die folgende Übung trainiert die seitliche Hüftmuskulatur, die während des Laufens maßgeblich an der Stabilisierung des Beckens beteiligt ist. Sind die Hüftmuskeln zu schwach, kippt das Becken bei jedem Laufschritt seitlich ab, wodurch die Lendenwirbelsäule stark belastet wird und schmerzen kann.

Legen Sie sich seitlich auf den Boden und winkeln Sie das untere Bein an. Der Kopf liegt auf dem abgewinkelten unteren Arm. Mit der freien Hand stützen Sie sich vor dem Oberkörper ab (1).

Heben Sie nun langsam das obere Bein. Ziehen Sie dabei die Fußspitzen an, und achten Sie darauf, dass Becken und Wirbelsäule stabil bleiben und Sie nicht mit der Hüfte nach hinten ausweichen (2). Senken Sie das Bein wieder, ohne jedoch den Boden zu berühren.

Nach den jeweiligen Wiederholungen wechseln Sie die Seite und trainieren das andere Bein.

Mein Tipp:

Achten Sie darauf, dass Sie das Körpergewicht nicht zu weit nach hinten verlagern. Wenn Sie nicht in der korrekten Seitenlage trainieren, ist die Übung weitaus weniger effektiv.

Übung 6: Bauchmuskulatur

Nur ein stabiler Rumpf kann die Kraftimpulse aus den Beinen in Geschwindigkeit umsetzen. Besonders wichtig ist dabei eine kräftige Bauchmuskulatur. Sie stabilisiert die Lendenwirbelsäule und verhindert, dass Sie ins Hohlkreuz fallen. Außerdem beugen starke Bauchmuskeln Rückenschmerzen vor, weil sie die Wirbelsäule entlasten.

Legen Sie sich rücklings so auf einen Gymnastikball, dass Lenden- und Brustwirbelsäule auf dem Ball aufliegen. Winkeln Sie die Beine an und stellen Sie die Füße etwa hüftbreit auseinander fest auf den Boden. Verschränken Sie die Hände hinter dem Kopf, die Ellenbogen zeigen nach außen (1).

Spannen Sie die Bauchmuskeln an und rollen Sie den Oberkörper langsam nach vorne, ohne ihn jedoch ganz aufzurichten. Rücken und Hals bilden eine Linie, der Kopf wird nicht nach vorne gesenkt (2). Senken Sie dann den Oberkörper wieder langsam ab, ohne die Spannung in den Bauchmuskeln zu vernachlässigen.

Mein Tipp:

Die Übung wird umso leichter, je näher Sie an der Senkrechten trainieren und umso schwerer, je mehr Sie die Ausgangsposition in die Waagerechte verlagern.

Übung 7: Rückenmuskulatur

Natürlich ist für einen gesunden Rücken neben der Bauch- auch eine kräftige Rückenmuskulatur nötig. Außerdem muss die Rückenmuskulatur bei jedem Schritt die Wirbelsäule im Gleichgewicht halten. Je schneller Sie also laufen, desto kräftiger muss auch die Rückenmuskulatur sein.

Legen Sie sich bäuchlings über einen Gymnastikball. Becken und Oberschenkel liegen auf dem Ball auf. Stützen Sie sich mit den Fußsohlen an einer Wand ab, und überkreuzen Sie die Arme vor der Brust. Schauen Sie nicht nach vorn, sondern nach unten (1).

Heben Sie nun den Oberkörper bis über die Horizontale an, ohne dabei die Lendenwirbelsäule zu überstrecken. Ferse, Hüfte und Schulter bilden eine Linie (2). Senken Sie den Oberkörper wieder so weit ab, dass die Rückenmuskulatur unter Spannung bleibt.

Mein Tipp:

Die Übung wird leichter, wenn Sie die Arme neben dem Oberkörper halten. Soll die Anforderung höher sein, halten Sie mit beiden Händen eine volle PET-Wasserflasche hinter den Kopf. Dazu brauchen Sie jedoch einen größeren Ball.

Übung 8: Seitliche Rumpfmuskulatur

Für die Stabilisierung des Beckens ist neben der seitlichen Hüft- auch die seitliche Rumpfmuskulatur wichtig. Sie verhindert, dass das Becken zur Seite wegkippt und beugt so Rückenbeschwerden vor.

Gehen Sie in die Seitlage, und stützen Sie sich auf den unteren Ellbogen. Der andere Arm stabilisiert vor dem Oberkörper. Die Beine sind gestreckt und in Schrittstellung (das obere Bein liegt vor dem unteren). Heben Sie das Becken leicht vom Boden ab. Oberer Fuß, Hüfte und Schulter befinden sich auf einer Linie (1).

Heben Sie nun das Becken weiter nach oben an (2). Senken Sie das Becken wieder, ohne den Boden ganz zu berühren. Halten Sie dabei stets die Spannung – schon ein kleines Bewegungsausmaß ist ausreichend.

Wechseln Sie nach der jeweiligen Wiederholungszahl die Seite.

1

2

Mein Tipp:

Um die Übung zu erleichtern, stützen Sie sich mit den Knien ab. Die Übung wird schwerer, wenn Sie sich nicht vor dem Körper abstützen und stattdessen mit der freien Hand eine volle Wasserflasche halten.

Übung 9: Brustmuskulatur

Damit das Kräftegleichgewicht im gesamten Körper ausgewogen ist, müssen Sie neben Bein- und Rumpfmuskulatur auch den Oberkörper trainieren. Gerade beim Laufen hat der Arm- und Schulterbereich eine wichtige ausgleichende Funktion.

Legen Sie sich auf den Bauch, und stützen Sie sich mit Händen und Fußspitzen vom Boden ab. Die Hände liegen unter den Schultern, die Daumen zeigen nach innen. Der Rücken ist gerade (1).

Beugen Sie die Arme und machen Sie einen Liegestütz. Halten Sie dabei den Rücken gerade, und senken Sie den Blick nach unten, damit der Körper während der gesamten Übung eine Linie bildet. Vermeiden Sie ein Absinken ins Hohlkreuz (2). Drücken Sie sich wieder nach oben, ohne jedoch die Arme ganz durchzustrecken.

1

2

Mein Tipp:

Um sich die Übung zu erleichtern, können Sie sich mit den Knien am Boden abstützen.

Übung 10: Schultermuskulatur

Auch diese Übung hat das Ziel, für ein ausgeglichenes Kräfteverhältnis im Körper zu sorgen. Sie beugt Beschwerden im Bereich der Brust- und Halswirbelsäule vor und sorgt für eine aufrechte Haltung.

Stellen Sie sich mit dem Rücken zu einer Wand. Die Füße stehen etwa eineinhalb Fußlängen von der Wand entfernt. Verlagern Sie das Gewicht auf die Fersen. Po, Rücken und Schulter berühren die Wand, die Arme sind in Schulterhöhe seitlich angewinkelt (1).

Drücken Sie die Arme kräftig nach hinten, so dass Schultern, Rücken und Po sich von der Wand lösen (2). Halten Sie die Spannung in den Armen und atmen Sie ruhig weiter. Lösen Sie dann die Spannung wieder, ohne den Oberkörper ganz an der Wand anzulehnen.

1

2

Kraftorientiertes Laufen

Mit entsprechenden Übungen seine Muskelkraft zu steigern, ist eine Sache. Eine andere ist es jedoch, diese Kraft auch während des Laufens einzusetzen. Damit dieser Transfer gelingt, sollte auch das kraftorientierte Laufen zu Ihrem Trainingsprogramm gehören. Dabei wird der Krafteinsatz bei jedem Laufschritt erhöht, und im Gegenzug die Schrittfrequenz etwas vermindert. Am einfachsten gelingt dies bei Berg- und Treppenläufen oder durch Laufen gegen Partnerwiderstand.

Bergläufe

Suchen Sie einen Berg oder Hügel in Ihrer Umgebung, der so hoch ist, dass Sie zwei bis vier Minuten bergauf laufen können. Wärmen Sie sich fünf bis zehn Minuten auf, und laufen Sie dann den Berg hinauf. Achten Sie dabei darauf, sich bei jedem Schritt kräftig vom Boden abzudrücken, um die Schrittfrequenz zu verringern. Ganz wichtig: Wählen Sie das Tempo so, dass Sie bis zum Schluss durchhalten.

Wenn Sie die zeitliche Vorgabe erfüllt haben, laufen Sie die Strecke locker wieder zurück. Wiederholen Sie den Berglauf insgesamt vier- bis sechsmal.

Treppenläufe

Einen entsprechend hohen Berg zu finden ist in den meisten Fällen einfacher als eine lange Treppe. Aus diesem Grund sind Treppenläufe im Gegensatz zu Bergläufen durch eine geringere Belastungszeit gekennzeichnet.

Dennoch benötigen Sie für das kraftorientierte Laufen eine Treppe, die so lang ist, dass Sie auf ihr 30 Sekunden bis eine Minute treppauf laufen können.

Nach einer Aufwärmphase von etwa 10 Minuten laufen Sie das erste Mal die Treppen hoch. Nehmen Sie dabei zwei Stufen auf einmal, um einen hohen Kraftanteil bei geringerer Schrittfrequenz zu erreichen. Auch hier gilt: Wählen Sie das Tempo so, dass Sie die ganze Strecke durchhalten. Laufen Sie dann die Treppe locker wieder hinab, machen Sie eine Pause von etwa 30 Sekunden, und wiederholen Sie den Treppenlauf insgesamt sechs- bis zehnmal.

Läufe gegen Partnerwiderstand

Eine weitere Möglichkeit, Ihre Kraft beim Laufen zu verbessern, sind die Läufe gegen Partnerwiderstand. Wie der Name schon verrät, benötigen Sie dazu einen Laufpartner.

Den Partner ziehen: Wärmen Sie sich etwa fünf Minuten auf. Legen Sie sich ein großes, der Länge nach zusammengerolltes Badetuch von vorne um die Taille. Die Enden hält Ihr Laufpartner hinter Ihnen mit beiden Händen fest. Laufen Sie nun los, während Ihr Partner Sie zu bremsen versucht. Sie müssen jedoch noch vorwärtskommen und eine Belastungszeit von rund zwei Minuten durchhalten.

Machen Sie eine Minute Pause und wiederholen Sie die Übung insgesamt vier- bis sechsmal.

Den Partner schieben: Bei einer anderen Variante schieben Sie Ihren Laufpartner vor sich her. Wärmen Sie sich dazu ebenfalls fünf Minuten auf. Fassen Sie dann Ihren Partner von hinten an den Schulterblättern, und schieben Sie ihn vor sich her, während er versucht, Sie zu bremsen.

Nach einer Belastungszeit von zwei Minuten, machen Sie eine Minute Pause, ehe Sie den Lauf insgesamt vier- bis sechsmal wiederholen.

Abnehmen und gesund bleiben – Das Ausdauertraining

Die meisten Menschen setzen Laufen mit Ausdauertraining gleich. Bei mir ist es genau das Gegenteil! Als Sprinterin mache ich eher einen Bogen um allzu viel Ausdauertraining. Denn es widerspricht dem, was mir von meiner Anlage her entgegenkommt: kurz und schnell zu laufen.
Wenn man jedoch gesund bleiben und fit werden will, ist das ausdauernde Laufen absolut empfehlenswert. Auch wenn ich selbst wegen meiner Sportart die Vorteile des langen, langsamen Laufens nicht nutzen kann: Für Sie sollte ein regelmäßiges Ausdauertraining auf jeden Fall zu Ihrem Trainingsprogramm gehören.

Was verändert sich durchs Laufen?

Dass Bewegung schlank macht und jung hält, wissen fast alle. Aber auch Ihre Gesundheit profitiert davon, wenn Sie regelmäßig laufen.

Laufen macht schlank

Durch Ausdauertraining können Sie endlich Ihre überschüssigen Kilos loswerden. Sicher: Mit einer entsprechenden Diät könnten Sie auch ohne körperliche Aktivität einige Pfunde verlieren, von Dauer wäre dieser Erfolg jedoch nicht. Durch Sport reduziert sich das Gewicht zwar langsamer als durch irgendeine Chrash-Kur, dafür können Sie es aber auch langfristig halten.
Um abzunehmen, müssen Sie mehr Energie verbrauchen, als Sie durch die Nahrung zu sich nehmen. Daher ist Laufen (oder auch Walking) ideal, denn es verbraucht von allen Sportarten am meisten Energie. Aber Ausdauertraining verändert auch den Stoffwechsel. Das Fett wird nicht länger als Reserve im Unterhautfettgewebe gespeichert, sondern in der Muskulatur verbrannt. Regelmäßiges Laufen schraubt außerdem Ihren Grundumsatz – also die Energiemenge, die Ihr Körper auch in Ruhe verbraucht – nach oben.
Im Klartext bedeutet das, dass Sie nicht nur während des Laufens abnehmen, sondern auch noch dann, wenn Sie nach dem Training faul auf der

Couch liegen. Das klingt toll, bringt aber natürlich nur dann etwas, wenn Sie auch Ihre Ernährung umstellen und die Kalorienzufuhr reduzieren. Denn werden die zusätzlich verbrauchten Kalorien gleich wieder aufgefüllt, tut sich gewichtsmäßig leider gar nichts.

Laufen hält jung

Wissenschaftliche Untersuchungen haben ergeben, dass trainierte Menschen deutlich seltener an Krankheiten des Herz-Kreislauf-Systems sterben als untrainierte. Die Tests ergaben, dass das Erkrankungsrisiko umso geringer ist, je besser die Ausdauer eines Menschen ist. Was für Herz-Kreislauf-Erkrankungen schon lange bekannt ist, zeichnet sich neuerdings auch in vielen Krebs-Studien ab: Laufen vermindert das Krebsrisiko. Lebensbedrohliche Krankheiten werden maßgeblich durch zu wenig Bewegung, falsche Ernährung und zu viel Stress verursacht. Faktoren, die Sie selbst jederzeit ändern können. Wer läuft, bewegt sich nicht nur mehr, sondern findet in der Natur gleichzeitig die nötige Entspannung. Darüber hinaus stellen Läufer oft automatisch ihre Ernährung auf gesunde Vollwertkost um.

Laufen trainiert Ihr Immunsystem

Kaum beginnt die kältere Jahreszeit, geht es auch schon los: Die Nase läuft, Kopf und Glieder schmerzen. Wenn Sie es satt haben, ständig erkältet zu sein, sollten Sie einfach mit dem Laufen beginnen. Denn Wissenschaftler haben herausgefunden, dass Personen, die regelmäßig moderat laufen, deutlich seltener krank sind als Untrainierte. Denn das Immunsystem reagiert schneller und empfindlicher auf Bakterien und Viren. So kann sich die Zahl der natürlichen Killerzellen, die die virusinfizierten Zellen zerstören, bis zu 50 Prozent erhöhen. Und sollte Sie doch einmal eine Infektion erwischen, dauert diese nur halb so lange, und die Symptome sind deutlich schwächer – Sie brauchen weder Arzt noch Medikamente.

Laufen beugt Rückenschmerzen vor

Rückenschmerzen sind zur Volkskrankheit Nummer 1 geworden. In den meisten Fällen werden die Beschwerden durch drei Dinge verursacht: Muskelschwäche, Haltungsmonotonie und Stress.

In unserer modernen Gesellschaft wird der Körper unter- und der Kopf überfordert. Laufen ist das beste Mittel, etwas dagegen zu tun! Zwar bewegen wir uns dabei mit den Beinen vorwärts, die Muskulatur der Wirbelsäule muss jedoch ständig Haltearbeit leisten, damit wir in der Senkrechten bleiben. Das kräftigt sowohl die Bauch- als auch die Rückenmuskulatur. Darüber hinaus sorgt Laufen für den notwendigen Bewegungsausgleich, wenn man aus beruflichen Gründen zu einer einseitigen Haltung gezwungen ist.

Laufen entspannt

Stress ist eine der negativen Begleiterscheinungen des modernen Alltags. Die gesundheitlichen Folgen bleiben nicht aus – die Spanne reicht von Rückenschmerzen, Magengeschwüren, Herzinfarkt und Bluthochdruck bis zu Depressionen.
Laufen ist das beste Mittel gegen Stress. Der Grund dafür liegt im natürlichen Ablauf der Stressreaktion. Seit Menschengedenken läuft diese Reaktion in folgender Reihenfolge ab:

1. Äußerlicher Reiz, zum Beispiel ein wildes Tier.
2. Einordnen dieses Reizes, zum Beispiel als bedrohlich oder herausfordernd.
3. Ausschüttung von Stresshormonen, um den Körper auf Kampf oder Flucht vorzubereiten.
4. Körperliche Reaktion I: Herzfrequenz und Blutdruck steigen, die Atmung beschleunigt sich, die Muskelspannung (vor allem der Rückenmuskulatur) erhöht sich.
5. Körperliche Reaktion II: Kampf oder Flucht.
6. Rückkehr zum ursprünglichen Zustand (Entspannung).

Bis heute hat sich an diesem Ablauf nichts geändert, auch wenn wir uns nicht vor dem wilden Tier, sondern vor dem Termin beim Chef fürchten. Doch im Gegensatz zu unseren Vorfahren, fliehen oder kämpfen wir nicht mehr, bauen also den Stress körperlich nicht ab. Ein fataler Fehler, denn ohne körperliche Reaktion, ohne Bewegung kann der Prozess nicht abgeschlossen werden. Die stressauslösenden Hormone Adrenalin und Noradrenalin bleiben weiter im Blut und verhindern, dass wir wieder zur Ruhe kommen.

Die Hormone sorgen aber auch dafür, dass die Rückenmuskulatur ständig unter Spannung bleibt, was zwangsläufig zu Rückenschmerzen führt. Kurz und gut: Wenn Sie die Stressreaktion zu einem natürlichen Ende bringen wollen, laufen Sie dem Stress einfach davon.

Was das Laufen sonst noch kann

Laufen kann aber noch viel mehr positives in Ihrem Leben bewirken:

- Laufen macht intelligent und kreativ: Wenn Sie laufen, wird das Gehirn mit der doppelten Menge an Sauerstoff versorgt wie im Ruhezustand. Das erhöht die Konzentrationsfähigkeit, Gedächtnisleistung, Lernvermögen und Kreativität nehmen zu.
- Laufen produziert das körpereigene Schmerzmittel Endorphin: Läufer haben eine höhere Endorphinkonzentration im Blut als Untrainierte. Endorphine wirken als körpereigenes Schmerzmittel und sind für das »Runner's High« verantwortlich. Überkommt einen Läufer dieses Hochgefühl, meint er, ohne jede Anstrengung nur so dahinzufliegen.
- Laufen lässt Sie besser schlafen: Die Einschlafphasen werden kürzer, die Tiefschlafphasen länger. Sie wachen zwischendurch nicht mehr auf und haben weniger Alpträume. Das führt dazu, dass Sie sich nachts besser erholen und am Tag leistungsfähiger sind.

Training im aeroben Bereich

Damit Sie von der positiven Wirkung des Laufens profitieren können, müssen Sie beim Training gewisse Grundprinzipien berücksichtigen.

Laufen verbraucht Energie. Diese Energie wird in den so genannten Mitochondrien – den Kraftwerken der Muskelzelle – erzeugt. Dazu benötigt unser Körper zwei Dinge: Sauerstoff und Kohlenhydrate bzw. Fette als Brennmaterial. Nur wenn Sie in der Lage sind, große Mengen dieser Stoffe in die Mitochondrien zu transportieren, können Sie lange und schnell laufen.

Durch regelmäßiges Ausdauertraining verbessert sich die Fähigkeit des Körpers, Kohlenhydrate und Fette mit Hilfe von Sauerstoff zu verbrennen. Je mehr Sauerstoff Ihr Körper im Blut transportieren kann, desto schneller können Sie laufen. Je besser die Fähigkeit Ihres Körpers ist, Fett zu verbrennen, desto länger können Sie laufen.

Grundsätzlich können die Muskelzellen Energie mit Sauerstoff (aerob) oder ohne Sauerstoff (anaerob) gewinnen. Der Unterschied: Bei der aeroben Energiegewinnung steht in den Mitochondrien genug Sauerstoff für die Verbrennung zur Verfügung. Diese Art der Energiegewinnung findet in erster Linie bei wenig intensiven Belastungen statt (zum Beispiel beim Walking, langsamen Dauerlauf). Wer besser trainiert ist, kann die aerobe Energiebereitstellung sogar noch bei intensiverer Belastungen nutzen.

Bei der anaeroben Energiebereitstellung haben die Mitochondrien nicht genug Sauerstoff zur Verfügung. Die Belastung muss daher über kurz oder lang abgebrochen werden. Intensive körperliche Betätigungen (zum Beispiel ein Sprint oder das Krafttraining) sind nur mit Hilfe der anaeroben Energiebereitstellung möglich.

Die oben erwähnten körperlichen Veränderungen lassen sich jedoch nur mit aerobem Ausdauertraining erreichen.

Fett- und Kohlenhydratverbrennung

Ihr Körper kann auf aerobem Weg sowohl Kohlenhydrate als auch Fette verbrennen. Dabei kommt es vor allem darauf an, wie intensiv Sie trainieren. Bei geringer Belastung werden in erster Linie Fette verbraucht, bei intensiver Belastung vorwiegend Kohlenhydrate.

Anteil von Fetten und Kohlenhydraten an der Energiebereitstellung bei maximaler Arbeit

	10 min	30 min	60 min	90 min	120 min	180 min	240 min	300 min
Fette	0	0	0	20	40	60	70	60
Kohlenhydrate	100 %	100 %	100 %	80 %	70 %	60 %	50 %	40 %

Kohlenhydrate liefern zwar viel Energie in kurzer Zeit, sie sind aber im Körper nur begrenzt vorhanden. Ein gut trainierter Ausdauersportler hat lediglich rund 500 Gramm davon in der Muskulatur und der Leber gespeichert. Eine Menge, die etwa für eine intensive Belastung von 60 bis maximal 90 Minuten ausreicht. Selbst ein Weltklasse-Marathonläufer käme damit nicht bis ins Ziel.

Wir sind daher auf Fette als zweite Energielieferanten angewiesen, von denen selbst dünne Menschen genug gespeichert haben. Ein Beispiel: Eine 65 Kilo schwere Frau mit einem relativ geringen Gewebe-Fettanteil von 15 Prozent, bringt es immer noch auf 9750 Gramm Fett oder 87.750 Kalorien. Mit dieser Energiemenge könnte sie theoretisch 15 bis 20 Marathonstrecken hintereinander laufen!
Wer jetzt jedoch meint, etwas Übergewicht könne ja dann nicht schaden, um beim Laufen genug Power zu haben, irrt. Denn was dem Untrainierten fehlt, ist die Fähigkeit, seine Fettreserven zu mobilisieren. Das wiederum ist ein wichtiges Ziel des Ausdauertrainings: Der Körper soll lernen, die Kohlenhydrate zu schonen und stattdessen auf Fett als Energielieferant zurückzugreifen.

Belastungssteuerung über die Herzfrequenz

Woher aber wissen Sie, ob Sie im aeroben oder anaeroben Bereich trainieren, ob Sie also gerade Fette oder Kohlenhydrate verbrennen? Ganz einfach: Ihre Herzfrequenz verrät es Ihnen! Sie verhält sich nämlich linear zur Laufgeschwindigkeit, d. h. je schneller Sie laufen, desto höher wird auch die Herzfrequenz. Darüber hinaus gelten folgende Zusammenhänge:

- Je höher die Herzfrequenz, desto höher ist der anaerobe Anteil der Energiebereitstellung und der Anteil der Kohlenhydratverbrennung.
- Je geringer dagegen die Herzfrequenz, desto höher ist der Anteil der Fettverbrennung an der Energiebereitstellung.

Die Erfahrung zeigt, dass die Fettverbrennung bei den meisten Menschen am stärksten ist, wenn die Herzfrequenz 65 bis 75 Prozent ihres Maximalpulses beträgt (siehe Seite 89). Ein elektronisches Messgerät hilft dabei, die Herzfrequenz während des gesamten Laufs zu kontrollieren, ohne das Training unterbrechen zu müssen. Denn ein Brustgurt übermittelt die Impulse, die das Herz beim Schlagen aussendet, auf eine Pulsuhr am Handgelenk. Mit einem Blick können Sie so jederzeit die Geschwindigkeit drosseln oder erhöhen.
Das subjektive Empfinden ist dagegen gerade bei Anfängern nur schwach ausgeprägt, so dass sie sich schnell überfordern und dann im anaeroben Bereich trainieren.

Die Trainingsbereiche

Wenn Sie Ihre Ausdauer verbessern wollen, sollten Sie auch Ihr Ausdauertraining vielseitig gestalten. Am einfachsten gelingt dies mit den drei folgenden unterschiedlichen Trainingsbereichen.

Die unterschiedlichen Trainingsbereiche

Trainingsbereich	Trainingsdauer	Herzfrequenz
Fettstoffwechseltraining	60–120 min	65–75 % der MHF*
Extensiver Dauerlauf	40–80 min	75–85 % der MHF*
Intensiver Tempolauf	20–50 min	85–95 % der MHF*
*maximale Herzfrequenz		

Die maximale Herzfrequenz

Um die Herzfrequenz innerhalb der drei Bereiche bestimmen zu können, müssen Sie Ihre maximale Herzfrequenz errechnen. Eine Formel dafür lautet: 220 minus Lebensalter = maximale Herzfrequenz.

Diese Rechenmethode ist zwar einfach, für rund 80 Prozent aller Menschen jedoch auch ziemlich ungenau – sie liegen deutlich über oder unter dem theoretischen Wert.

Wenn Sie also auf Nummer Sicher gehen wollen, bestimmen Sie Ihre maximale Herzfrequenz mit dem folgenden Test.

Test zur Bestimmung der maximalen Herzfrequenz

Wärmen Sie sich mindestens 15 bis 20 Minuten gründlich auf. Laufen Sie dann vier Minuten so schnell Sie können. Legen Sie die letzten hundert Meter einen richtigen Spurt hin. Sie dürfen ruhig ein wenig aus der Puste kommen. Die Herzfrequenz, die Sie am Ende dieses Tests messen, ist Ihre maximale Herzfrequenz. Um sie zu ermitteln, messen Sie sofort nach Ende des Laufs zehn Sekunden Ihren Puls an der Hand- oder Halsschlagader. Multiplizieren Sie dann den Wert mit sechs, und Sie erhalten Ihre maximale Herzfrequenz.

Ein Beispiel: Hat der Test einen Maximalpuls von 180 ergeben, sollte Ihre Herzfrequenz beim Fettstoffwechseltraining 65 bis 75 Prozent von 180 betragen, also zwischen 117 und 135 Pulsschlägen pro Minute liegen.

Das Fettstoffwechseltraining

Ziel des Fettstoffwechseltrainings ist es, den prozentualen Anteil der Fettverbrennung zu erhöhen. Das Motto lautet daher: Laufen Sie lang und langsam. Am Anfang wird Ihnen das Tempo vielleicht als zu gering erscheinen, und Sie würden gerne schneller laufen. Geben Sie diesem Impuls jedoch nicht nach, sondern achten Sie darauf, dass Ihre Herzfrequenz konstant bei 65 bis 75 Prozent Ihres Maximalpulses liegt.

Aufgrund der lang andauernden Belastung verbraucht dieses Training sehr viel Energie – je nach Körpergewicht 600 Kalorien und mehr in der Stunde.

Daher ist das Training sehr erschöpfend, auch wenn sich Ihre Atmung kaum beschleunigt, Sie sich nebenher problemlos unterhalten können und Ihren Herzschlag kaum spüren.

Mein Tipp:

Um für mehr Abwechslung zu sorgen, können Sie in diesem Trainingsbereich das Laufen auch einmal durch andere Sportarten ersetzen, wie zum Beispiel Walken, Radfahren oder Inlineskaten.

Fettstoffwechseltraining

▪ Intensität:	65– 75 % der MHF
▪ Dauer:	60–120 min
▪ Trainingseffekt:	Mobilisierung der freien Fettsäuren Vermehrung feinster Blutgefäße (Kapillaren) Vermehrung der Mitochondrien Verbesserung der aeroben Energiebereitstellung

Der extensive Dauerlauf

In diesem Trainingsbereich halten sich Fett- und Kohlenhydratstoffwechsel die Waage. Dadurch haben Sie das Gefühl, intensiv zu trainieren, ohne sich jedoch zu überanstrengen. Die Atmung ist deutlich beschleunigt, Sie können sich nur noch eingeschränkt unterhalten. Vorsicht: Einige Läufer trainieren zu oft in diesem intensiven Bereich und hemmen dadurch langfristig Ihren Leistungsfortschritt.

Extensiver Dauerlauf

▪ Intensität:	75–85 % der MHF
▪ Dauer:	40–80 min
▪ Trainingseffekt:	Verbesserung der aeroben Energiebereitstellung Verbesserung der Sauerstoffaufnahme Vergrößerung der Kohlenhydratspeicher

Der intensive Tempolauf

Richtig eingesetzt ist der intensive Tempolauf eine der effektivsten Trainingsmethoden: Die anaerobe Schwelle verschiebt sich nach oben, so dass die Muskeln auch bei schnellerem Tempo nicht übersäuern. Aus diesem Grund nennt man diesen Trainingsbereich auch Schwellentraining.

Aber Vorsicht: Der intensive Tempolauf sollte nur auf Basis der vorangegangenen Trainingsbereiche absolviert werden. Anderenfalls ist die Leistungsfähigkeit äußerst instabil. Für Anfänger kommt dieses Training daher kaum in Frage.

Intensiver Tempolauf

▪ Intensität:	85–95 % der MHF
▪ Dauer:	20–50 min
▪ Trainingseffekt:	Anheben der anaeroben Schwelle Vergrößerung der Kohlenhydratspeicher Verbesserung der aeroben Kohlenhydratverbrennung Verbesserung der Sauerstoffaufnahme

SEVERIN
508

Maximum Speed – Das Schnelligkeitstraining

Das Schnelligkeitstraining ist meine liebste Trainingsform – kein Wunder, ich bin ja schließlich Sprinterin. Läufe mit maximaler oder submaximaler Geschwindigkeit machen mir daher am meisten Spaß. Ich liebe das Gefühl, ohne Anstrengung schnell zu laufen. Natürlich muss ich dafür auch einiges tun: Schnelligkeitstraining erfordert ein Höchstmaß an Konzentration und Motivation. Wenn ich müde bin oder – was ab und zu auch einmal vorkommt – keine Lust aufs Training habe, übe ich lieber etwas anderes.

Aufgrund der hohen Intensität müssen Muskulatur, Sehnen, Bänder und Knorpel beim Schnelligkeitstraining voll belastbar sein. Auch deshalb spielen Koordinations- und Krafttraining eine wichtige Rolle in meinem Trainingsprogramm.

Viele Sportmediziner raten im Gesundheitssport grundsätzlich vom Schnelligkeitstraining ab. Sie befürchten, dass die hohe Trainingsintensität zu Verletzungen oder zu einer Überlastung des Bewegungsapparates führt. Stattdessen empfehlen sie sanftes Ausdauertraining, in manchen Fällen auch Krafttraining zur Vorbeugung von Rückenschmerzen. Ich persönlich bin da ganz anderer Meinung, weil ich denke, dass auch Freizeitsportler vom Schnelligkeitstraining profitieren können. Wichtig ist jedoch – wie so oft – die Dosis: Zu wenig bringt nichts, zu viel schadet. Wenn Sie jedoch gesund sind und das richtige Maß finden, spricht einiges für ein Schnelligkeitstraining:

1. Nicht nur Läufer (egal auf welcher Strecke) können ihre Leistungsfähigkeit verbessern, auch alle Sportler, die irgendwie laufen müssen (etwa beim Fußball oder Tennis) profitieren vom Schnelligkeitstraining.
2. Schnelles Laufen stellt hohe Anforderungen an die Lauftechnik. Sie wird sich daher im Laufe des Trainings verbessern, wodurch Ausweichbewegungen und Fehlbelastungen vermieden werden. Schnelligkeitstraining hat also auch einen gesundheitlichen Nutzen.
3. Läufer in Ausdauerdisziplinen können durch ein gezieltes Schnelligkeitstraining auch im unteren Geschwindigkeitsbereich ökonomischer laufen, was zu einer beträchtlichen Energieersparnis führt (wodurch wiederum die Ausdauer steigt).

Um diese Vorteile nutzen zu können, kommt es jedoch auf den sinnvoll und richtig dosierten Einsatz des Schnelligkeitstrainings an. Außerdem sollten Sie vorher die Belastbarkeit Ihres Bewegungsapparates durch Krafttraining und Ihre Lauftechnik durch Koordinationstraining optimiert haben.

Schnellkrafttraining

Unter Schnellkraft verstehen Sportwissenschaftler die Fähigkeit des Muskels, einen Widerstand mit höchstmöglicher Geschwindigkeit zu überwinden. Sie benötigen diese Kraft zum Beispiel, um aus dem Stand in die Höhe zu springen, wobei der Widerstand Ihr eigenes Körpergewicht ist. Sie springen umso höher, je schneller die Beinmuskulatur Ihr Körpergewicht nach oben bewegen kann.

Auch beim schnellen Laufen kommt der Schnellkraft eine tragende Rolle zu. Schließlich muss bei jedem Laufschritt das eigene Körpergewicht nach vorne beschleunigt werden.

Um Ihre Schnellkraft zu verbessern eignen sich so genannte Prellsprünge, Froschhüpfer und Tiefsprünge.

Prellsprünge

Unter Prellsprüngen versteht man mehrere aufeinander folgende Sprünge aus dem Fußgelenk heraus. Beginnen Sie ohne Anlauf und springen Sie nach oben. Holen Sie dabei mit den Armen Schwung. Ziehen Sie die Fußspitzen nach oben. Damit der Oberkörper während der Flugphase stabil bleibt, spannen Sie die Rumpfmuskulatur fest an.

Bei der Landung drücken Sie den Vorfuß aktiv nach unten, so dass bei Bodenkontakt sofort der nächste Absprung erfolgen kann. Die Ferse berührt den Boden nicht, der Bodenkontakt ist möglichst kurz.
Machen Sie zehn Prellsprünge hintereinander. Nach einer Pause von etwa einer Minute wiederholen Sie das Ganze insgesamt sechs- bis achtmal.

Froschhüpfer

Beim Froschhüpfer springen Sie mit beiden Beinen nach vorne. Beginnen Sie aus dem Stand: Gehen Sie in die Kniebeuge (die Beugung im Kniegelenk sollte nicht weniger als 90 Grad betragen). Holen Sie mit den Armen Schwung, und springen Sie kräftig nach vorne oben. Strecken Sie während der Flugphase den Körper komplett, halten Sie jedoch die Arme nach vorne. Landen Sie auf dem flachen Fuß, und springen Sie sofort wieder ab.
Absolvieren Sie zehn Froschhüpfer, machen Sie eine Pause von einer Minute und wiederholen Sie die Sprungserie weitere viermal.

Mein Tipp:

Achten Sie weniger auf die Sprungweite, sondern legen Sie das Hauptaugenmerk auf den Absprung.

Tiefsprünge

Für die Tiefsprünge brauchen Sie zwei stabile Stühle oder Hocker (mindestens 20 Zentimeter hoch). Stellen Sie die Stühle im Abstand von etwa einem Meter mit den Sitzflächen zueinander auf. Steigen Sie auf einen Stuhl und springen Sie nach unten. Die Landung erfolgt nur auf dem Vorfuß, schlägt die Ferse am Boden auf, ist die Absprunghöhe zu hoch. Bleiben Sie so kurz wie möglich am Boden und springen Sie sofort auf den zweiten Stuhl. Holen Sie dazu mit den Armen kräftig Schwung.
Nach fünf Tiefsprüngen machen Sie eine Minute Pause und wiederholen dann die Serie insgesamt fünfmal.

Die Bewegungsschnelligkeit

Wie hoch die Bewegungsschnelligkeit beim Laufen bzw. Sprinten ist, hängt im wesentlichen vom Zusammenspiel zwischen Gehirn und Muskulatur ab. Je besser sie funktioniert, desto besser ist die Maximalgeschwindigkeit. Und die brauchen Sie bei jedem Sprint, sei es im 100 Meter-Lauf, beim Fußball oder beim Tennis.
Um Ihre Bewegungsschnelligkeit zu verbessern, eignen sich so genannte Steigerungsläufe und Bergabläufe.

Steigerungsläufe

Suchen Sie sich eine flache Laufstrecke: Auf einem härteren Untergrund (beispielsweise Tartanbahn, Laufband, Waldweg oder Asphalt) laufen Sie schneller, der Bewegungsapparat wird jedoch relativ stark belastet. Auf weichem Untergrund (zum Beispiel Gras) leidet die maximale Bewegungsgeschwindigkeit, die orthopädische Belastung ist dafür geringer. Überlegen Sie also vor dem Training, welchen Untergrund Sie wählen.
Jetzt geht es los. Beginnen Sie aus dem lockeren Lauf Ihr Tempo gleichmäßig so lange zu steigern, bis Sie Ihre Maximalgeschwindigkeit erreicht haben, und halten Sie diese drei bis vier Sekunden. Anschließend reduzieren Sie das Tempo. Achten Sie in allen Phasen auf eine saubere Bewegungsausführung. Nach einer aktiven Pause von zwei bis drei Minuten, in der Sie locker umhertraben, wiederholen Sie den Steigerungslauf weitere vier- bis sechsmal.

Bergabläufe

Bergabläufe finden im leicht abfallenden Gelände statt (Waldwege oder Asphalt). Beginnen Sie aus dem lockeren Lauf, und beschleunigen Sie auf Maximalgeschwindigkeit. Durch die erleichterten Bedingungen am Hang ist diese höher als normal, und Sie erreichen eine größere Bewegungsschnelligkeit. Halten Sie das Tempo vier bis sieben Sekunden, und laufen Sie dann wieder langsamer. Achten Sie auch hier in allen Phasen auf eine saubere Lauftechnik. Machen Sie eine aktive Pause, und traben Sie zwei bis drei Minuten locker umher. Wiederholen Sie dann den Berglauf noch vier- bis sechsmal.

Die Schnelligkeitsausdauer

Schnelligkeitsausdauer ist die Fähigkeit, eine hohe Bewegungsschnelligkeit möglichst lange halten zu können. Dabei kommt es vor allem auf die Energievorräte in den Muskeln an.
Um Ihre Schnelligkeitsausdauer zu verbessern, eignen sich Intervallläufe: Aus dem lockeren Lauf beschleunigen Sie auf etwa 90 Prozent Ihrer maximalen Geschwindigkeit. Halten Sie das Tempo etwa 30 Sekunden, ehe Sie wieder in den lockeren Lauf übergehen. Achten Sie dabei auch am Ende der Belastungszeit auf Ihre Lauftechnik. Traben Sie etwa eineinhalb Minuten locker umher, und wiederholen Sie den Lauf dann weitere vier- bis sechsmal.

Die Wahrheit über das Dehnen – Beweglichkeitstraining

Jede Sportart fordert ein unterschiedliches Maß an Beweglichkeit. Turnerinnen zum Beispiel müssen extrem beweglich sein. Bei mir würde sich eine zu gute Beweglichkeit dagegen eher negativ auf die Sprintleistung auswirken. Aus diesem Grund dehne ich nur wenig und eher unregelmäßig.

Vor kurzem wurde wissenschaftlich bewiesen, was mein Körper mir schon immer signalisiert hat: Dehnen hat kaum eine positive Wirkung. Im Klartext bedeutet dies, dass Stretching

- Muskelverkürzungen nicht beseitigt,
- mit großer Wahrscheinlichkeit Verletzungen nicht vorbeugt,
- keine muskuläre Dysbalancen ausgleicht,
- Muskelkater nicht vorbeugt und
- die Regeneration nach dem Training wahrscheinlich nicht beschleunigt.

Dagegen konnte jedoch nachgewiesen werden, dass Stretching eindeutig die Dehnfähigkeit der Muskulatur verbessert. Wer also beweglich sein will, kommt ums Stretching nicht herum. Viele Sportler fühlen sich nach dem Dehnen auch einfach besser – ein weiterer Grund für das Stretching.

Sie müssen zwar beim Laufen nicht allzu beweglich sein, eine schlechte Dehnfähigkeit kann jedoch hinderlich sein. Schließlich lässt sich ein schnelleres Lauftempo neben der höheren Schrittfrequenz vor allem durch eine größere Schrittlänge erreichen. Diese ist nur durch eine vergrößerte Streckung des Beines im Hüft- und Kniegelenk möglich. Wenn dagegen die Hüft- und Kniebeugemuskulatur nur unzureichend gedehnt werden kann, verkürzt dies die Schrittlänge – Sie laufen langsamer. Darüber hinaus erfordert das Überwinden des Dehnwiderstandes viel Energie, die eigentlich dem Vortrieb dienen sollte.

Statisches und dynamisches Dehnen

Man unterscheidet beim Stretching im wesentlichen zwei unterschiedliche Dehnungstechniken:

- das statische, haltende Dehnen und
- das dynamische, federnde Dehnen.

Beim statischen Dehnen gehen Sie langsam in die Dehnposition und halten diese für mindestens 20 Sekunden. Beim dynamischen Dehnen führen Sie dagegen aus der Dehnposition heraus, im Rhythmus von etwa zwei Sekunden, kleine federnde Bewegungen aus.
Welche Variante die bessere ist, darüber scheiden sich die Geister. Noch vor kurzem wurde dem statischen Dehnen fast immer der Vorzug gegeben, da man annahm, dass durch das dynamische das Verletzungsrisiko steigen würde. Inzwischen hat sich jedoch gezeigt, dass dynamisches Dehnen weitaus effektiver ist. Klasse, denn ich selbst habe mich schon immer lieber dynamisch gedehnt.

Die Stretching-Grundregeln

Beachten Sie beim Dehnen folgende neun Stretching-Regeln:

1. Wenn Sie die Dehnfähigkeit Ihrer Muskulatur durch dynamisches Dehnen verbessern wollen, absolvieren Sie dafür eine eigene kleine Trainingseinheit. Gliedern Sie das Dehnen nicht an den Anfang oder das Ende eines anderen Programms an.
2. Wollen Sie dynamisches Dehnen unbedingt mit einer anderen Trainingseinheit kombinieren, zum Beispiel Kraft- oder Lauftraining, macht dies nur am Anfang Sinn, um das Aufwärmen zu unterstützen.
3. Wenn Sie Ihre Dehnfähigkeit verbessern wollen, sollten Sie sich zwei- bis viermal pro Woche dehnen. Wollen Sie die Beweglichkeit erhalten, genügt ein Stretching pro Woche.
4. Zu jeder Trainingseinheit gehören alle der nachfolgenden zwölf Basis-Stretch-Übungen.
5. Wärmen Sie sich vor dem Dehnen etwa fünf Minuten mit Laufen auf.
6. Gehen Sie bei jeder Übung so weit in die beschriebene Dehnposition, bis Sie ein Ziehen in der Zielmuskulatur spüren.
7. Gehen Sie im 2-Sekunden-Takt an den Dehnungspunkt heran und im selben Rhythmus wieder weg.
8. Wiederholen Sie diesen Wechsel 15-mal. Jede Übung sollte dabei etwa 30 Sekunden dauern.
9. Verlassen Sie die Dehnposition, machen Sie eine kurze Pause und wiederholen Sie das Dehnen noch zweimal. Um Zeit zu sparen, können Sie während der Pause auch eine andere Muskelgruppe dehnen.

Die besten Dehnübungen

Mit diesen zwölf Basisübungen können Sie alle beim Laufen relevanten Muskelgruppen dehnen.

Übung 1: Wadenmuskulatur

Stützen Sie sich mit beiden Händen an einer Wand ab. Strecken Sie das linke Bein nach hinten, und beugen Sie das rechte Bein. Gehen Sie mit Hüfte und Oberkörper so weit nach vorne, bis Sie ein Ziehen in der Wadenmuskulatur spüren.
Wechseln Sie nach 30 Sekunden die Seite, und dehnen Sie das andere Bein.

Links:
Dehnen der Wadenmuskulatur
Rechts:
Dehnen der tiefen Wadenmuskulatur

Übung 2: Tiefe Wadenmuskulatur

Stützen Sie sich mit beiden Händen an einer Wand ab. Stellen Sie das linke Bein nach hinten, und beugen Sie da rechte Bein. Gehen Sie nun mit dem rechten Bein in die Knie, bis Sie eine Dehnung im Bereich der Achillessehne und etwas darüber spüren.
Nach 30 Sekunden wechseln Sie die Seite und dehnen das andere Bein.

Übung 3: Oberschenkelrückseite

Gehen Sie in die Knie. Stellen Sie das linke Bein nach vorne auf der Ferse auf; das Kniegelenk ist leicht gebeugt. Verschränken Sie die Hände hinter dem Rücken und beugen Sie den Oberkörper nach vorne. Achten Sie dabei darauf, dass der Rücken gerade bleibt.

Spüren Sie die Dehnung an der Oberschenkelrückseite, und dehnen Sie nach 30 Sekunden die andere Seite.

Übung 4: Oberschenkelvorderseite

Legen Sie sich in Seitlage auf den Boden. Ziehen Sie mit dem unteren Arm das untere Knie zur Brust. Das obere Bein beugen Sie im Kniegelenk, so dass Wirbelsäule, Hüfte und Knie eine Linie bilden. Greifen Sie den oberen Fuß mit der Hand, und ziehen Sie ihn in Richtung Po.

Spüren Sie die Dehnung an der Oberschenkelvorderseite. Wechseln Sie nach 30 Sekunden die Seite, und dehnen Sie das andere Bein.

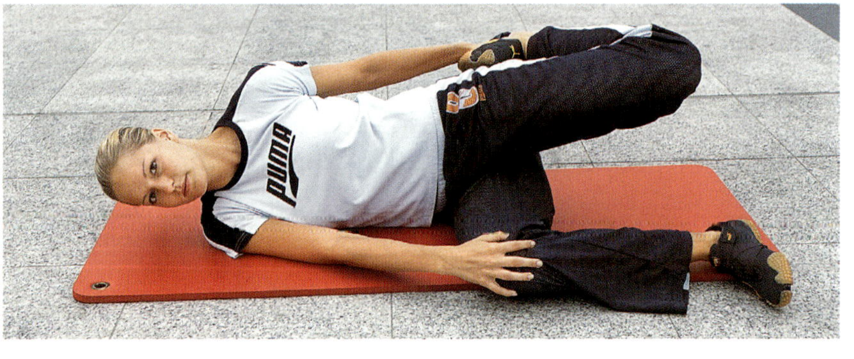

Übung 5: Innere Oberschenkelmuskulatur

Setzen Sie sich mit dem Rücken so gegen eine Wand, dass die Lendenwirbelsäule diese berührt. Winkeln Sie beide Beine an, indem Sie die Füße zu sich heranziehen. Die Hände liegen auf den Knien. Drücken Sie die Knie zum Boden, bis Sie eine Dehnung an der Innenseite der Oberschenkel spüren.

Übung 6: Hüftbeugemuskulatur

Gehen Sie in die Knie, und strecken Sie das rechte Bein so weit wie möglich nach hinten. Das linke Bein ist etwa im 90-Grad-Winkel gebeugt. Legen Sie die Hände locker auf das linke Bein, und drücken Sie die Hüfte schräg nach unten, bis Sie die Dehnung im vorderen Hüftbereich spüren.
Dehnen Sie nach 30 Sekunden die andere Seite.

Übung 7: Gesäßmuskulatur

Setzen Sie sich auf den Boden, und strecken Sie das rechte Bein nach vorne aus. Winkeln Sie das linke Bein an und stellen Sie den linken Fuß rechts neben das rechte Kniegelenk. Umfassen Sie nun mit dem Ellbogen das Knie, und ziehen Sie es zu sich, bis Sie eine Dehnung im Gesäßbereich spüren. Wechseln Sie nach 30 Sekunden die Seiten und dehnen Sie das andere Bein.

Übung 8: Schräge Rumpfmuskulatur

Legen Sie sich auf den Rücken. Das linke Bein bleibt gestreckt, das rechte winkeln Sie an. Greifen Sie nun mit der linken Hand das rechte Knie und ziehen Sie es über das linke Bein zum Boden. Den rechten Arm strecken Sie dabei über den Kopf nach hinten. Die Schultern bleiben am Boden. Spüren Sie die Dehnung im Bereich der Lendenwirbelsäule und des Gesäßes. Dehnen Sie nach 30 Sekunden die andere Seite.

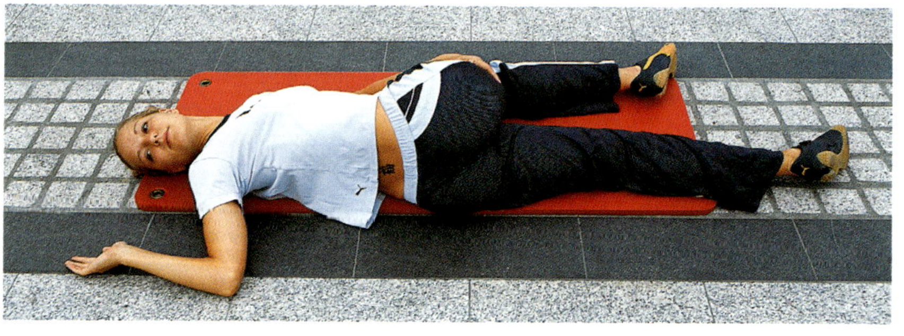

Übung 9: Seitliche Rumpfmuskulatur

Legen Sie sich auf den Rücken. Strecken Sie den rechten Arm über den Kopf nach hinten, und legen sie den linken Arm neben den Körper. Rutschen Sie nun mit beiden Beinen nach links, bis Sie bogenförmig liegen und eine Dehnung im seitlichen Bereich der Lendenwirbelsäule spüren. Nach 30 Sekunden die Seite wechseln.

Übung 10: Brustmuskulatur

Stellen Sie sich frontal in einen Türrahmen und legen Sie beide Unterarme rechts und links an den Rahmen. Die Ellbogen sind auf Schulterhöhe.

Gehen Sie in eine leichte Schrittstellung, und drücken Sie den Oberkörper nach vorne durch die Tür. Achten Sie dabei darauf, nicht ins Hohlkreuz zu fallen, und spannen Sie die Bauchmuskulatur leicht an. Spüren Sie die Dehnung im Bereich der Brustmuskulatur.

Übung 11: Schultermuskulatur

Stellen Sie sich mit etwa hüftbreit gegrätschten Beinen hin. Fassen Sie den linken Ellbogen mit der rechten Hand, und führen Sie den Arm seitlich am Kopf über die Schulter nach hinten. Drücken Sie von vorne den Ellbogen so weit nach hinten, bis Sie die Dehnung im hinteren Schulterbereich spüren. Nach 30 Sekunden lösen Sie die Spannung wieder, wechseln zur anderen Seite und dehnen die rechte Schulter.

Übung 12: Nackenmuskulatur

Bleiben Sie in der Ausgangsposition mit etwa hüftbreit gegrätschten Beinen. Greifen Sie nun mit der linken Hand über den Kopf an die rechte Schläfe, und ziehen Sie den Kopf nach links.
Spüren Sie die Dehnung im seitlichen Nackenbereich, und dehnen Sie nach 30 Sekunden die andere Seite.

Links:
Dehnen der Schultermuskulatur

Rechts:
Dehnen der Nackenmuskulatur

Trainingsplanung

Sie haben in diesem Buch viele Methoden und Übungen kennen gelernt, um Ihr Leistungslevel auf die unterschiedlichsten Arten zu erhöhen. Wahrscheinlich fragen Sie sich jetzt aber, ob Sie tatsächlich jede Woche alle Übungen absolvieren müssen – womöglich nicht nur einmal. Natürlich nicht! Vielmehr kommt es darauf an, was Sie mit dem Laufen erreichen wollen, und welches sportliche Ziel Sie sich selbst setzen. Es ist nämlich ein gewaltiger Unterschied, ob Sie abnehmen möchten, Ihre allgemeine Fitness verbessern oder auf Ihrer Hausstrecke bzw. bei Wettkämpfen eine neue Bestzeit erreichen wollen.

Von der Zielsetzung hängt es ab, wie Sie Ihr Trainingsprogramm zusammenstellen. Vergessen Sie dabei jedoch nicht, dass gerade am Anfang der gesamte Körper trainiert werden sollte – wenn auch in unterschiedlich starker Gewichtung. So hat zwar beispielsweise das Schnelligkeitstraining im gesundheitsorientierten Sport eine eher geringe Bedeutung. Trotzdem sollte es nicht völlig vernachlässigt werden. Im Gegenzug sollten auch Sprinter lockere Ausdauertrainingseinheiten nutzen.

In diesem Kapitel habe ich für Sie sechs verschiedene 4-Wochen-Pläne zusammengestellt, mit denen sich unterschiedliche Trainingsziele erreichen lassen. Der wöchentliche Trainingsumfang ist bei allen Plänen variabel, Sie trainieren also jede Woche unterschiedlich lang.

Trainingsplan für Hobbyläufer

Laufen ist Ihr Hobby, und Sie sind mit ganzem Herzen dabei. Sie brauchen keine Wettkämpfe, denn es geht Ihnen allein um den Spaß, den Sie beim Laufen haben. Eine Sportart in der Halle käme für Sie nie in Frage, Sie wollen raus in die freie Natur.

Ihr persönliches Lauftraining

Dieser Trainingsplan berücksichtigt alle oben genannten Faktoren. Sein Hauptaugenmerk liegt auf dem Laufen (in all seinen Variationen). Kräftigungsübungen zu Hause oder im Fitnessstudio sind dagegen auf das vertretbare Mindestmaß reduziert. Verzichten Sie jedoch nicht ganz darauf, und vernachlässigen Sie vor allem das Krafttraining für die Rumpfmuskulatur nicht. Denn nur ein starker Rücken hält die Wirbelsäule bei jedem Laufschritt im Gleichgewicht und beugt so Schmerzen vor. Alle anderen vorgestellten Trainingsbereiche (zum Beispiel Koordination) bedürfen keiner eigenständigen Übungen. Denn sie werden durch die speziellen Laufmethoden trainiert.

Damit Ihr Leistungslevel nicht irgendwann stagniert, ist der Trainingsplan eine ideale Mischung aus Grundlagen- und Schnelligkeitstraining. Denn sicher hegen auch Sie den Wunsch, durch ein gezieltes Training noch schneller laufen zu können. Die neue Bestzeit auf Ihrer Hausrunde ist schließlich eine ständige Herausforderung, und motiviert Sie auch an den Tagen, an denen das Laufen mal schwer fällt.

Der durchschnittliche Trainingsaufwand für Hobbyläufer liegt bei dreieinhalb Stunden pro Woche.

Programm für Hobbyläufer

	Verteilung der Trainingszeit	Trainings-einheiten pro Woche	Bevorzugter Trainingsinhalt
Koordination	10 %	1	Lauf-ABC
Kraft	15 %	1	Muskelaufbau
Ausdauer	65 %	3	Intensiver Tempo- und extensiver Dauerlauf
Schnelligkeit	5 %	1	Schnelligkeitsausdauer
Beweglichkeit	5 %	1	Dynamisches Dehnen

4-Wochen-Plan für Hobbyläufer

1. Woche: ca. 3 Stunden 13 Minuten

Tag	Bereich	Zeit	Inhalt
Mo			
Di	K/B	39 min	29 min Muskelaufbau; 10 min dynamisches Dehnen
Mi			
Do	S/A	53 min	10 min Schnelligkeitsausdauer; 43 min extensiver Dauerlauf
Fr			
Sa	Ko/A	51 min	20 min Lauf-ABC; 31 min intensiver Tempolauf
So	A	50 min	Extensiver Dauerlauf

2. Woche: ca. 3 Stunden 47 Minuten

Tag	Bereich	Zeit	Inhalt
Mo			
Di	K/B	46 min	35 min Muskelaufbau; 11 min dynamisches Dehnen
Mi			
Do	S/A	63 min	11 min Schnelligkeitsausdauer; 52 min extensiver Dauerlauf
Fr			
Sa	Ko/A	59 min	22 min Lauf-ABC; 37 min intensiver Tempolauf
So	A	59 min	Extensiver Dauerlauf

3. Woche: ca. 4 Stunden 20 Minuten

Tag	Bereich	Zeit	Inhalt
Mo			
Di	K/B	52 min	39 min Muskelaufbau; 13 min dynamisches Dehnen
Mi			
Do	S/A	72 min	13 min Schnelligkeitsausdauer; 59 min extensiver Dauerlauf
Fr			
Sa	Ko/A	68 min	26 min Lauf-ABC; 42 min intensiver Tempolauf
So	A	68 min	Extensiver Dauerlauf

4. Woche: ca. 2 Stunden 40 Minuten

Tag	Bereich	Zeit	Inhalt
Mo			
Di	K/B	32 min	24 min Muskelaufbau; 8 min dynamisches Dehnen
Mi			
Do	S/A	44 min	8 min Schnelligkeitsausdauer; 36 min extensiver Dauerlauf
Fr			
Sa	Ko/A	42 min	16 min Lauf-ABC; 26 min intensiver Tempolauf
So	A	42 min	Extensiver Dauerlauf

A = Ausdauer; B = Beweglichkeit; K = Kraft; Ko = Koordination; S = Schnelligkeit; min = Minuten

Trainingsplan für Gesundheitssportler

Wenn Sie sich für diesen Trainingsplan entscheiden, haben Sie ein klares Ziel: Sie wollen etwas für Ihre Gesundheit tun und durch ein optimal dosiertes Ausdauertraining Herz-Kreislauf- und Krebserkrankungen vorbeugen. Sie möchten mit Krafttraining aktiv gegen Rückenschmerzen vorgehen und Ihre Stresstoleranz durch die Bewegung in der freien Natur verbessern.

Laufen Sie sich gesund!

Im Gegensatz zum Hobbyläufer ist das Training für Sie kein Selbstzweck, sondern dient einem ganz bestimmten Ziel: der Erhaltung Ihrer Gesundheit. Dementsprechend soll auch der Trainingsaufwand in einem vertretbaren Rahmen bleiben.
Den höchsten Stellenwert in Ihrem Trainingsplan nimmt das Ausdauertraining ein. Denn es zieht viele positive Veränderungen an Körper und Psyche nach sich, die Ihre Gesundheit auf lange Zeit bewahren. An zweiter Stelle steht das Krafttraining, um Ihre Wirbelsäule zu stabilisieren und zu entlasten. So haben Rückenschmerzen keine Chance mehr. Mit Hilfe des Koordinationstrainings lernen Sie, die antrainierte Kraft auch beim Laufen einzusetzen. Und das Schnelligkeitstraining hilft, die Bewegungsökonomie beim Laufen zu verbessern. Nicht ganz zu vernachlässigen, auch wenn der Zeitaufwand relativ gering ausfallen kann: das Beweglichkeitstraining.
Wenn Sie aus gesundheitlichen Gründen laufen, sollten Sie etwa vier Stunden pro Woche für das Training einplanen.

Programm für Gesundheitssportler

	Verteilung der Trainingszeit	Trainingseinheiten pro Woche	Bevorzugter Trainingsinhalt
Koordination	10 %	1	Lauf-ABC; stabilisierende Übungen
Kraft	30 %	2	Kraftausdauer Rumpfmuskulatur
Ausdauer	50 %	3	Extensiver Dauer- und intensiver Tempolauf
Schnelligkeit	5 %	1	Schnellkraft
Beweglichkeit	5 %	1	Dynamisches Dehnen

4-Wochen-Plan für Gesundheitssportler

1. Woche: 3 Stunden 20 Minuten

Tag	Bereich	Zeit	Inhalt
Mo			
Di	K	30 min	Kraftausdauer Rumpf
Mi	Ko/A	45 min	20 min stabilisierende Übungen; 25 min intensiver Tempolauf
Do			
Fr	S/A	45 min	10 min Schnellkraft; 35 min intensiver Tempolauf
Sa	B/K	40 min	10 min dynamisches Dehnen; 30 min Kraftausdauer Rumpf
So	A	40 min	Extensiver Dauerlauf

2. Woche: 4 Stunden 10 Minuten

Tag	Bereich	Zeit	Inhalt
Mo			
Di	K	37 min	Kraftausdauer Rumpf
Mi	Ko/A	56 min	25 min stabilisierende Übungen; 31 min intensiver Tempolauf
Do			
Fr	S/A	57 min	13 min Schnellkraft; 44 min extensiver Dauerlauf
Sa	B/K	50 min	13 min dynamisches Dehnen; 37 min Kraftausdauer Rumpf
So	A	50 min	Extensiver Dauerlauf

3. Woche: 3 Stunden 50 Minuten

Tag	Bereich	Zeit	Inhalt
Mo			
Di	K	34 min	Kraftausdauer Rumpf
Mi	Ko/A	52 min	23 min stabilisierende Übungen; 29 min intensiver Tempolauf
Do			
Fr	S/A	52 min	12 min Schnellkraft; 40 min intensiver Tempolauf
Sa	B/K	46 min	12 min dynamisches Dehnen; 34 min Kraftausdauer Rumpf
So	A	46 min	Extensiver Dauerlauf

4. Woche: 4 Stunden 40 Minuten

Tag	Bereich	Zeit	Inhalt
Mo			
Di	K	42 min	Kraftausdauer Rumpf
Mi	Ko/A	63 min	28 min stabilisierende Übungen; 35 min intensiver Tempolauf
Do			
Fr	S/A	63 min	14 min Schnellkraft; 49 min extensiver Tempolauf
Sa	B/K	56 min	14 min dynamisches Dehnen; 42 min Kraftausdauer Rumpf
So	A	56 min	Extensiver Dauerlauf

A = Ausdauer; B = Beweglichkeit; K = Kraft; Ko = Koordination; S = Schnelligkeit; min = Minuten

Trainingsplan zur Gewichtsreduktion

Jetzt reicht's! Nach unzähligen Diäten haben Sie genug vom ewigen Hungern und dem lästigen Jojo-Effekt. Sie wollen endlich auf Dauer abnehmen. Um ein gezieltes Trainingsprogramm kommen Sie daher nicht herum. Sicher, eine gesunde, ausgewogene Ernährung ist wichtig. Aber eine Ernährungsumstellung allein reicht eben einfach nicht aus, um schlank zu werden und die Wunschfigur auch zu halten. Setzen Sie sich das Ziel, jede Woche zusätzlich noch 1500 bis 2000 Kalorien durch sportliche Betätigung zu verbrauchen.

Mehr Energie verbrauchen

Wenn Sie abnehmen wollen, sollte das Ausdauertraining im Mittelpunkt stehen, denn es verbrennt am meisten Energie. Und schließlich kommt es darauf an, mehr Energie zu verbrauchen, als dem Körper zugeführt wird. Außerdem stellt sich Ihr Organismus langsam in Richtung Fettverbrennung um.

Auch das Krafttraining ist wichtig. Denn jedes Gramm mehr Muskulatur verbraucht auch mehr Energie. Und indem Ihr Grundumsatz steigt, verbrennt der Körper sogar dann Kalorien, wenn Sie gerade gar nichts tun.

Beweglichkeit und Koordination werden in Maßen trainiert, auf das Schnelligkeitsprogramm sollten Sie dagegen komplett verzichten. Bei Übergewicht ist das Verletzungsrisiko nämlich relativ hoch.

Wenn Sie Gewicht verlieren wollen, müssen Sie pro Woche rund dreieinhalb Stunden für Ihr Lauftraining einplanen.

Programm zur Gewichtsreduktion

	Verteilung der Trainingszeit	Trainingseinheiten pro Woche	Bevorzugter Trainingsinhalt
Koordination	10 %	1	Stabilisierende Übungen
Kraft	20 %	2	Kraftausdauer und Muskelaufbau
Ausdauer	65 %	4	Intensiver Tempolauf
Schnelligkeit	0 %	0	
Beweglichkeit	5 %	1	Dynamisches Dehnen

4-Wochen-Plan zur Gewichtsreduktion

1. Woche: ca. 2 Stunden 20 Minuten

Tag	Bereich	Zeit	Inhalt
Mo			
Di	K/A	45 min	18 min Kraftausdauertraining; 27 min intensiver Tempolauf
Mi			
Do	Ko/A	41 min	9 min stabilisierende Übungen; 32 min intensiver Tempolauf
Fr			
Sa	K/A	44 min	18 min Muskelaufbautraining; 26 min intensiver Tempolauf
So	Ko/A	50 min	9 min stabilisierende Übungen; 32 min intensiver Tempolauf; 9 min dynamisches Dehnen

2. Woche: ca. 3 Stunden 40 Minuten

Tag	Bereich	Zeit	Inhalt
Mo			
Di	K/A	55 min	22 min Kraftausdauertraining; 33 min intensiver Tempolauf
Mi			
Do	Ko/A	50 min	11 min stabilisierende Übungen; 39 min intensiver Tempolauf
Fr			
Sa	K/A	54 min	22 min Muskelaufbautraining; 32 min intensiver Tempolauf
So	Ko/A	61 min	11 min stabilisierende Übungen; 39 min intensiver Tempolauf; 11 min dynamisches Dehnen

3. Woche: ca. 3 Stunden 20 Minuten

Tag	Bereich	Zeit	Inhalt
Mo			
Di	K/A	50 min	20 min Kraftausdauertraining; 30 min intensiver Tempolauf
Mi			
Do	Ko/A	45 min	10 min stabilisierende Übungen, 35 min intensiver Tempolauf
Fr			
Sa	K/A	50 min	20 min Muskelaufbautraining; 30 min intensiver Tempolauf
So	Ko/A	55 min	10 min stabilisierende Übungen; 35 min intensiver Tempolauf; 10 min dynamisches Dehnen

4. Woche: ca. 4 Stunden

Tag	Bereich	Zeit	Inhalt
Mo			
Di	K/A	60 min	24 min Kraftausdauertraining; 36 min intensiver Tempolauf
Mi			
Do	Ko/A	54 min	12 min stabilisierende Übungen; 42 min intensiver Tempolauf
Fr			
Sa	K/A	60 min	24 min Muskelaufbautraining; 36 min intensiver Tempolauf
So	Ko/A	66 min	12 min stabilisierende Übungen; 42 min intensiver Tempolauf; 12 min dynamisches Dehnen

A = Ausdauer; B = Beweglichkeit; K = Kraft; Ko = Koordination; S = Schnelligkeit; min = Minuten

Trainingsplan für Fitnesssportler

Wollen Sie körperlich und psychisch fit sein und sich rundum gut fühlen? Wollen Sie Ihre Figur gezielt formen, Muskeln aufbauen und einfach besser aussehen? Dann ist dieses Laufprogramm genau das Richtige für Sie. Der Erfolg lässt nicht lange auf sich warten, und mit jeder Trainingseinheit kommen Sie Ihrem Ziel einen Schritt näher.

Bodyforming nach Maß

Da das oberste Trainingsziel der Muskelaufbau ist, spielt das Krafttraining bei dieser Zielgruppe eine äußerst wichtige Rolle. Um Verletzungen zu vermeiden, sollten Sie dabei gerade als Anfänger nach den Richtlinien auf Seite 63ff. vorgehen.

Damit die Muskeln richtig zur Geltung kommen, müssen Sie aber auch den Körperfettanteil reduzieren. Dies gelingt am schnellsten mit Ausdauertraining: extensiver Dauer- sowie intensiver Tempolauf sind ideal geeignet. Das Motto lautet: Der Körper muss mehr Energie verbrauchen, als er durch die Nahrung erhält.

Die Bereiche Beweglichkeit, Koordination und Schnelligkeit treten beim Fitness-Trainingsprogramm etwas in den Hintergrund. Vernachlässigen Sie sie jedoch nicht völlig, da durch ein einseitiges Training immer die Gefahr besteht, auf demselben Leistungslevel stehen zu bleiben, anstatt sich zu bessern.

Um Ihr Ziel zu erreichen, sind durchschnittlich fünf Trainingsstunden pro Woche notwendig.

Programm für Fitnesssportler

	Verteilung der Trainingszeit	Trainingseinheiten pro Woche	Bevorzugter Trainingsinhalt
Koordination	10 %	2	Stabilisierende Übungen
Kraft	40 %	3	Muskelaufbautraining
Ausdauer	35 %	2	Extensiver Dauer- und intensiver Tempolauf
Schnelligkeit	10 %	1	Schnellkraft
Beweglichkeit	5 %	1	Dynamisches Dehnen

4-Wochen-Plan für Fitnesssportler

1. Woche: 4 Stunden 36 Minuten

Tag	Bereich	Zeit	Inhalt
Mo	B	14 min	Dynamisches Dehnen
Di	K	37 min	Muskelaufbautraining
Mi	Ko/A	47 min	14 min stabilisierende Übungen; 37 min intensiver Tempolauf
Do	K	37 min	Kraftausdauertraining
Fr	S	28 min	Schnellkraft
Sa	Ko/A	51 min	14 min stabilisierende Übungen; 37 min Muskelaufbautraining
So	A	62 min	Extensiver Dauerlauf

2. Woche: 5 Stunden 12 Minuten

Tag	Bereich	Zeit	Inhalt
Mo	B	16 min	Dynamisches Dehnen
Di	K	42 min	Muskelaufbautraining
Mi	Ko/A	53 min	15 min stabilisierende Übungen; 38 min intensiver Tempolauf
Do	K	42 min	Kraftausdauertraining
Fr	S	30 min	Schnellkraft
Sa	Ko/A	57 min	15 min stabilisierende Übungen; 42 min Muskelaufbautraining
So	A	72 min	Extensiver Dauerlauf

3. Woche: 5 Stunden 48 Minuten

Tag	Bereich	Zeit	Inhalt
Mo	B	18 min	Dynamisches Dehnen
Di	K	47 min	Muskelaufbautraining
Mi	Ko/A	60 min	17 min stabilisierende Übungen; 43 min intensiver Tempolauf
Do	K	47 min	Kraftausdauertraining
Fr	S	34 min	Schnellkraft
Sa	Ko/A	64 min	17 min stabilisierende Übungen; 47 min Muskelaufbautraining
So	A	78 min	Extensiver Dauerlauf

4. Woche: 4 Stunden 24 Minuten

Tag	Bereich	Zeit	Inhalt
Mo	B	14 min	Dynamisches Dehnen
Di	K	35 min	Muskelaufbautraining
Mi	Ko/A	46 min	13 min stabilisierende Übungen; 33 min intensiver Tempolauf
Do	K	35 min	Kraftausdauertraining
Fr	S	26 min	Schnellkraft
Sa	Ko/A	48 min	13 min stabilisierende Übungen; 35 min Muskelaufbautraining
So	A	60 min	Extensiver Dauerlauf

A = Ausdauer; B = Beweglichkeit; K = Kraft; Ko = Koordination; S = Schnelligkeit; min = Minuten

Trainingsplan für Verletzungsgeplagte

Alle jene, die sich für diesen Trainingsplan entscheiden, haben wohl das gleiche Problem: Sie sind begeisterte Läufer, werden aber durch immer wiederkehrende Verletzungen in ihrem Tatendrang gebremst. In den meisten Fällen sind es Achillessehne, Schienbein- oder Wadenmuskulatur, Knie oder Rücken, die Schwierigkeiten und Schmerzen verursachen. Die Gründe dafür sind häufig in einem zu einseitigen Ausdauertraining zu finden.

So kommen Sie wieder in Form

Der folgende Trainingsplan ist radikal, aber erfolgreich. Er drängt das Ausdauertraining in den Hintergrund und legt seinen Schwerpunkt auf Kraft- und Koordinationstraining. Keine Angst! Sie dürfen auch weiterhin laufen. Doch oft fehlt den verletzungsgeplagten Läufern einfach die athletische Grundausbildung: Neben dem formerhaltenden Ausdauerlauf gehören dazu auch Lauf-ABC, stabilisierende Übungen, Bergläufe oder ein allgemeines Krafttraining.

Das Ziel des Vorbeugungsplanes ist klar definiert: Ihr passiver Bewegungsapparat muss belastbarer werden. Denn die Belastbarkeit von Sehnen, Bändern und Knorpel hinkt der Leistungsfähigkeit des Herz-Kreislauf-Systems oft hinterher. Und auch ein schlechter Laufstil kann zu Verletzungen führen. Wenn Sie das Verletzungsrisiko wirklich mindern wollen, müssen Sie hart trainieren. Denn der durchschnittliche Zeitaufwand liegt bei sieben Wochenstunden.

Programm für Verletzungsgeplagte

	Verteilung der Trainingszeit	Trainingseinheiten pro Woche	Bevorzugter Trainingsinhalt
Koordination	25 %	3	Lauf-ABC; stabilisierende Übungen
Kraft	30 %	1	Kraftausdauer; kraftorientiertes Laufen
Ausdauer	30 %	3	Fettstoffwechsel; extensiver Dauer- und intensiver Tempolauf
Schnelligkeit	10 %	2	Schnelligkeit; Schnelligkeitsausdauer
Beweglichkeit	5 %	2	Dynamisches Dehnen

4-Wochen-Plan für Verletzungsgeplagte

1. Woche: 6 Stunden 26 Minuten

Tag	Bereich	Zeit	Inhalt
Mo	K	46 min	Kraftausdauer Rumpfmuskulatur
Di	Ko/S	52 min	32 min Lauf-ABC; 20 min Schnelligkeit
Mi	A	41 min	Intensiver Dauerlauf
Do	K/B	65 min	46 min Kraftausdauer Beine; 19 min dynamisches Dehnen
Fr	Ko/S	52 min	32 min Lauf-ABC; 20 min Schnelligkeitsausdauer
Sa	Ko/K	55 min	32 min stabilisierende Übungen, 23 min kraftorientiertes Laufen
So	A	75 min	Fettstoffwechseltraining

2. Woche: 7 Stunden 17 Minuten

Tag	Bereich	Zeit	Inhalt
Mo	K	52 min	Kraftausdauer Rumpfmuskulatur
Di	Ko/S	58 min	36 min Lauf-ABC; 22 min Schnelligkeit
Mi	A	48 min	Extensiver Dauerlauf
Do	K/B	74 min	52 min Kraftausdauer Beine; 22 min dynamisches Dehnen
Fr	Ko/S	58 min	36 min Lauf-ABC; 22 min Schnelligkeitsausdauer
Sa	Ko/K	62 min	36 min stabilisierende Übungen; 26 min kraftorientiertes Laufen
So	A	85 min	Fettstoffwechseltraining

3. Woche: 8 Stunden 7 Minuten

Tag	Bereich	Zeit	Inhalt
Mo	K	58 min	Kraftausdauer Rumpfmuskulatur
Di	Ko/S	65 min	41 min Lauf-ABC; 24 min Schnelligkeit
Mi	A	52 min	Extensiver Dauerlauf
Do	K/B	82 min	58 min Kraftausdauer Beine; 24 min dynamisches Dehnen
Fr	Ko/S	65 min	41 min Lauf-ABC; 24 min Schnelligkeitsausdauer
Sa	Ko/K	70 min	41 min stabilisierende Übungen; 29 min kraftorientiertes Laufen
So	A	95 min	Fettstoffwechseltraining

4. Woche: 6 Stunden 9 Minuten

Tag	Bereich	Zeit	Inhalt
Mo	K	44 min	Kraftausdauer Rumpfmuskulatur
Di	Ko/S	50 min	31 min Lauf-ABC; 19 min Schnelligkeit
Mi	A	38 min	Intensiver Dauerlauf
Do	K/B	62 min	44 min Kraftausdauer Beine; 18 min dynamisches Dehnen
Fr	Ko/S	50 min	31 min Lauf-ABC; 19 min Schnelligkeitsausdauer
Sa	Ko/K	53 min	31 min stabilisierende Übungen; 22 min kraftorientiertes Laufen
So	A	72 min	Fettstoffwechseltraining

A = Ausdauer; B = Beweglichkeit; K = Kraft; Ko = Koordination; S = Schnelligkeit; min = Minuten

Trainingsplan für Marathonläufer

Der letzte Trainingsplan richtet sich an Läufer, die sich vorgenommen haben, die Marathondistanz zu bewältigen. Die Zeit, die Sie für die rund 42 Kilometer benötigen, spielt nur eine untergeordnete Rolle. Wichtig ist, dass Sie es überhaupt bis ins Ziel schaffen. Ich bin bei der Trainingskonzeption davon ausgegangen, dass Sie bereits reichlich Lauferfahrung haben, und regelmäßig zwei- bis dreimal pro Woche laufen. Darüber hinaus ist es wichtig, dass Sie körperlich fit sind und einen belastbaren Bewegungsapparat haben. Nur dann können Sie das Unternehmen Marathon in Angriff nehmen.

Der Weg zum Ziel

Bei einer so langen Strecke wie dem Marathon kommt es in erster Linie auf die Ausdauer an. Deshalb nimmt das Ausdauertraining in diesem Programm den wichtigsten Stellenwert ein. Das Fettstoffwechseltraining (siehe Seite 90) ist dazu am besten geeignet. Denn dabei lernt der Körper, seine Fettdepots als Energiequellen anzuzapfen und die Kohlenhydratreserven zu schonen. Schließlich sind diese nur begrenzt in Muskulatur und Leber gespeichert, ihre Energie würde für die gesamte Strecke nicht ausreichen.

Schnelligkeits- und Koordinationstraining sorgen dafür, dass die Bewegungsökonomie stimmt und Sie beim Laufen nicht unnötig Kraft verschwenden. Ein Krafttraining wirkt als Verletzungsprophylaxe.

Der durchschnittliche wöchentliche Trainingsaufwand für Marathonläufer, die nicht auf Zeit trainieren, liegt bei rund viereinhalb Stunden.

Programm für Marathonläufer

	Verteilung der Trainingszeit	Trainings-einheiten pro Woche	Bevorzugter Trainingsinhalt
Koordination	5 %	2	Lauf-ABC
Kraft	5 %	2	Kraftorientiertes Laufen
Ausdauer	75 %	3	Fettstoffwechsel; extensiver Dauer- und intensiver Tempolauf
Schnelligkeit	5 %	1	Schnelligkeit
Beweglichkeit	5 %	1	Dynamisches Dehnen

4-Wochen-Plan für Marathonläufer

1. Woche: ca. 4 Stunden 8 Minuten

Tag	Bereich	Zeit	Inhalt
Mo			
Di	B/K	38 min	12 min dynamisches Dehnen; 26 min kraftorientiertes Laufen
Mi			
Do	S/A	77 min	12 min Schnelligkeit; 65 min extensiver Dauerlauf
Fr			
Sa	Ko/A	40 min	12 min Lauf-ABC; 28 min intensiver Tempolauf
So	A	93 min	Fettstoffwechseltraining

2. Woche: ca. 4 Stunden 52 Minuten

Tag	Bereich	Zeit	Inhalt
Mo			
Di	B/K	44 min	15 min dynamisches Dehnen; 29 min kraftorientiertes Laufen
Mi			
Do	S/A	91 min	15 min Schnelligkeit; 76 min extensiver Dauerlauf
Fr			
Sa	Ko/A	48 min	15 min Lauf-ABC; 33 min intensiver Tempolauf
So	A	109 min	Fettstoffwechseltraining

3. Woche: ca. 5 Stunden 35 Minuten

Tag	Bereich	Zeit	Inhalt
Mo			
Di	B/K	51 min	17 min dynamisches Dehnen; 34 min kraftorientiertes Laufen
Mi			
Do	S/A	105 min	17 min Schnelligkeit; 88 min Fettstoffwechseltraining
Fr			
Sa	Ko/A	54 min	17 min Lauf-ABC; 37 min intensiver Tempolauf
So	A	125 min	Fettstoffwechseltraining

4. Woche: ca. 3 Stunden 25 Minuten

Tag	Bereich	Zeit	Inhalt
Mo			
Di	B/K	31 min	10 min dynamisches Dehnen; 21 min kraftorientiertes Laufen
Mi			
Do	S/A	64 min	10 min Schnelligkeit; 54 min extensiver Dauerlauf
Fr			
Sa	Ko/A	33 min	10 min Lauf-ABC; 23 min intensiver Tempolauf
So	A	77 min	Fettstoffwechseltraining

A = Ausdauer; B = Beweglichkeit; K = Kraft; Ko = Koordination; S = Schnelligkeit; min = Minuten

Mein Speiseplan –

Essen Sie sich fit!

Für eine 100-Meter-Sprinterin bin ich recht zierlich. Deswegen werde ich oft nach meinen Essgewohnheiten gefragt. Dabei habe ich gar keinen strengen Ernährungsplan. Aber natürlich achte ich darauf, was ich esse. Am wichtigsten ist mir, dass mein Speiseplan möglichst abwechslungsreich ist. Denn so vermeide ich eine einseitige Ernährung. Außerdem esse ich mit Genuss, denn ich finde nicht, dass Essen nur die zweckmäßige Energiezufuhr in Form von Kalorien ist.

Ich liebe Fisch, frische Salate und Pasta. Wenn ich genug Zeit habe, teste ich deshalb gerne ganz spontan neue Rezepte. Für Alfred Biolek hat es zwar leider noch nicht gereicht, aber ich nehme mir viel Zeit zum Kochen und Essen. Klar, manchmal sündige auch ich – am liebsten Currywurst mit Pommes. Wenn es wirklich nur ab und zu ist, dürfen Sie sich das ruhig auch gönnen. Viele Diäten versagen ja genau deswegen, weil Sie alles verbieten. Ich finde es besser, auf die Qualität der Nahrung zu achten, wenn man abnehmen will. Denn reines Kalorienzählen ist nicht nur lästig und langweilig, sondern auch nicht besonders Erfolg versprechend.

Energiebilanz und Energieversorgung

Als Sprinterin kann ich mir Übergewicht natürlich nicht leisten. Denn jedes überflüssige Pfund hemmt meine Schnelligkeit. Zum Glück habe ich jedoch keine Probleme mit meinem Gewicht. Da ich täglich trainiere, bin ich ständig in Bewegung, und verbrauche daher auch viele Kalorien. Wenn Sie dagegen acht Stunden am Schreibtisch sitzen und abends auf dem Sofa liegen, ist Ihr Energieumsatz minimal. Dementsprechend sollte auch Ihr Speiseplan aussehen: Wenig Bewegung = wenig Kalorien!

Viel Bewegung ist zwar der entscheidende Baustein, um Ihren Körper in Form zu bringen. Doch die falsche Ernährung kann dem Erfolg ganz schön im Weg stehen. Überprüfen Sie deshalb Ihre Ernährungsgewohnheiten: Nehmen Sie mehr Energie zu sich als Sie verbrauchen, steigt Ihr Gewicht. Ist die Energieaufnahme dagegen niedriger als der Verbrauch, nehmen Sie ab. Leider ist die Umsetzung dieser Regel nicht ganz so einfach. Schließlich hat jeder Mensch bestimmte Ess- und Bewegungsgewohnheiten, die sich nicht von heute auf morgen verändern lassen.

Fett – Energiereserven im Überfluss

Wenn ich selbst koche, bevorzuge ich leichte Kost. Hin und wieder habe ich aber auch Lust auf Deftiges. Diesem Verlange gebe ich dann auch nach, denn ich verlasse mich auf meinen Körper, der fordert, was er braucht.

Doch die meisten Menschen ernähren sich zu fettreich und decken 40 Prozent ihrer gesamten Nahrungsenergie aus Fett. Maximal 30 Prozent sollten es sein, ginge es nach dem Willen der Ernährungswissenschaft.

Fett ist zwar Dickmacher Nummer 1, doch es hat auch viele lebenswichtige Funktionen. Und Fett ist nicht gleich Fett! Deshalb gilt auch hier der Grundsatz: Qualität vor Quantität.

Fettsäuren

Fettsäuren	Funktion, Aufgabe	Nahrungsquelle	Empfehlung
Einfach ungesättigte Fettsäuren	Gesundheitsfördernd; können vom Körper ohne Probleme verbrannt werden	Kaltgepresstes Olivenöl, Avocado, Mandeln	Sollten die Hauptfettmenge in der Nahrung ausmachen
Mehrfach ungesättigte Fettsäuren	Essenziell (lebensnotwendig), da der Körper sie nicht selbst bilden kann	Omega-3-Fettsäuren: z.B. in Leinsamenöl, Kaltwasserfisch wie Makrele, Lachs, Sardinen; Omega-6-Fettsäuren: z.B. in Sonnenblumen-, Soja- und Distelöl	Mehr Omega-3-, nicht zu viele Omega-6-Fettsäuren
Gesättigte Fettsäuren	Für den Körper nicht notwendig, aber hochwertige Energieträger; nach neueren Erkenntnissen haben sie in der Regel keine negativen Auswirkungen auf die Gesundheit	Fleisch, Milch und Milchprodukte, Eier, Kokosfett	Verzehr nur in Maßen
Konjugierte Fettsäure	Noch relativ unerforscht, eventuell mögliche Körperfettreduktion	Milch, Käse, Butter	
Transfettsäuren	Entstehen bei der Verarbeitung bestimmter Nahrungsmittel	Fertigprodukte, hocherhitzte Milchprodukte, Margarine, Chips, Pommes frites, Nuss-Nugat-Creme, Back- und Bratfette	Möglichst vermeiden; stehen unter Verdacht, Herzkrankheiten und Krebs auszulösen

Kohlenhydrate – Benzin für den Organismus

Als ich anfing zu laufen, waren Kohlenhydrate »mega in« – je mehr, desto besser. Die Zeiten ändern sich: Heute gelten Kohlenhydrate bei vielen (wieder einmal!) als Dickmacher.
Lassen Sie sich nicht verunsichern! Ich persönlich liebe Nudeln in allen Variationen, und ich esse auch reichlich davon. Glaubt man den Ernährungsspezialisten, können Sie Kohlenhydrate ruhig auch in größeren Mengen zu sich nehmen, allerdings nur, solange sie vollwertig sind. Sie sehen: Die Verarbeitung spielt eine entscheidende Rolle.

Vorsicht Insulinfalle

Nach dem Genuss von stark bearbeiteten Kohlenhydraten wie Zucker, Weißmehl oder poliertem Reis schnellt der Blutzuckerspiegel in die Höhe. Denn der Körper muss diese Nahrungsmittel nicht selbst verarbeiten, weshalb sie sehr schnell ins Blut gelangen. Um den Blutzuckerspiegel trotzdem im Normalbereich zu halten, schüttet die Bauchspeicheldrüse Insulin ins Blut aus, damit der Zucker in der Muskulatur verbrannt wird. Die Folge: Der Blutzuckerspiegel fällt drastisch nach unten ab, dem Gehirn geht der notwendige Zucker aus, und Sie haben erneut Heißhunger auf Süßes. Ein Teufelskreis beginnt.
Da bei erhöhtem Blutzuckerspiegel die Verbrennung von Kohlenhydraten in der Muskulatur erst einmal Vorrang hat, blockiert Insulin auch die Fettverbrennung. Mit vollwertigen Kohlenhydraten (zum Beispiel aus Vollkorn- und Vollkornprodukten, Kartoffeln, Hülsenfrüchten und Gemüse) passiert das nicht! Denn der Körper muss diese komplexen Nährstoffe erst selbst zerlegen, bevor sie ins Blut gelangen.

Der glykämische Index

Der so genannte glykämische Index (GLYX) gibt Auskunft darüber, wie stark die Insulinreaktion des Körpers auf unterschiedliche Lebensmittel ist, wie stark es also den Blutzucker in die Höhe treibt. So hat Traubenzucker den höchsten Index, er löst also eine starke Insulinreaktion aus. Der GLYX von Gemüse ist dagegen sehr gering und löst praktisch keine Reaktion aus. Die Tabelle auf den folgenden vier Seiten zeigt den glykämischen Index verschiedener Nahrungsmittel.

Der glykämische Index (GLYX)

Lebensmittel mit hohem GLYX (> 70)	Lebensmittel mit mittlerem GLYX (70–51)	Lebensmittel mit niedrigem GLYX (< 51)
Brot und Backwaren		
Brezel	Fladenbrot	Kleiebrot
Brötchen	Graubrot	Nusskuchen
Croissant	Mischbrot	Pumpernickel
Knäckebrot	Pitabrot	Roggenbrot
Waffeln	Pizzabrot	Vollkornbrot mit Leinsamen
Weißbrot	Pizza Margaritha	
	Vollkornbrot	
	Vollkornknäckebrot	
	Vollkorntoast	
	Weizenbrot (Vollkornschrot)	
Getreide und Cerealien		
Cornflakes	Couscous	Buchweizen
Rice Crispies	Grieß, weiß	Frischkornbrei
	Haferbrei	Gerste
	Haferflocken	Getreidekörner
	Hirse	Getreideschrot
	Mais	Kleieflocken
	Müsli mit Zuckerzusatz	Quinoa
		Vollkornmüsli ohne Zucker
		Weizenkeime
Teigwaren und Reis		
Puffreis	Basmati-Reis	Buchweizennudeln
Rundkornreis, weiß	Brauner Reis	Hartweizennudeln
Schnellkochreis	Eiernudeln	Makkaroni
	Gnocchi	Parboiled-Reis, weiß
	Langkornreis, weiß	Ravioli mit Fleischfüllung
	Vollkornreis	Spaghetti
	Wildreis	Spirali
		Tortellini
		Vollkornnudeln

Zucker und Süßungsmittel		
Malzzucker (Maltrose)	Honig	Agavensirup
Traubenzucker (Glukose, Dextrose)	Streuzucker (Saccharose)	Fruchtzucker (Fructose)
		Milchzucker (Lactose)
Milch und Milchprodukte		
	Milchprodukte mit Zuckerzusatz	Buttermilch
		Dickmilch
		Joghurt, 1,5 % Fett
		Käse
		Kefir
		Milch, 1,5 % Fett
		Milch, 3,5 % Fett
		Quark
Getränke		
Bier	Fruchtsaftgetränke	Fruchtsaftschorlen
Cola	Isotonische Sportgetränke	Gemüsesäfte
Limonade		Kaffee, ungesüßt
		Kakao
		Mineralwasser
		Obstsäfte
		Sojamilch
		Tee, ungesüßt
		Wein
Süßwaren und Knabbereien		
Gummibärchen	Eiscreme	Bitterschokolade, 70 %
Kekse	Kartoffelchips	Erdnüsse
Salzstangen	Marmelade	
	Müsliriegel	
	Popcorn	
	Pudding	
	Schokolade	

Der glykämische Index (GLYX)

Lebensmittel mit hohem GLYX (> 70)	Lebensmittel mit mittlerem GLYX (70–51)	Lebensmittel mit niedrigem GLYX (< 51)
Obst		
Datteln, getrocknet	Ananas	Äpfel
Wassermelone	Aprikosen aus der Dose	Aprikosen
	Bananen	Beerenobst
	Honigmelonen	Birnen
	Mango	Feigen
	Papaya	Grapefruits
	Pfirsiche aus der Dose	Kirschen
	Rosinen	Kiwis
		Orangen
		Pfirsiche
		Trauben
Gemüse		
Bratkartoffeln	Kartoffeln, neu	Auberginen
Kartoffeln, gebacken	Mais	Avocados
Kartoffelpüree	Pellkartoffeln	Brokkoli
Kürbis	Rote Bete	Grüne Bohnen
Möhren, gekocht	Zuckermais	Gurken
Pommes frites		Kohl
		Mangold
		Möhren, roh
		Paprika
		Pilze
		Radieschen
		Salat
		Sellerie
		Sojasprossen
		Spinat
		Tomaten
		Zucchini
		Zwiebeln

Hülsenfrüchte, Nüsse und Samen		
	Erbsen aus der Dose	Bohnen, weiß
	Maroni (Edelkastanie)	Erbsen, grün
	Studentenfutter	Erdnüsse
		Kichererbsen
		Kidneybohnen
		Kürbiskerne
		Leinsamen
		Linsen
		Mandeln
		Sesamsamen
		Sojabohnen
		Sonnenblumenkerne
		Trockenbohnen
		Trockenerbsen
		Walnüsse
Eiweißprodukte		
		Eier
		Fisch
		Fleisch
		Geflügel
		Tofu
Saucen und Würzmittel		
Fertigsaucen	Bechamellsauce	Grüne Sauce
	Ketschup	Majonäse
	Senf, süß	Tomatensauce
		Sambal Olek
		Senf, scharf
		Worcestersauce

Eiweiß – Der natürliche Schlankmacher

Ich esse regelmäßig und gerne Fisch, weil er eine gute Eiweißquelle ist. Und mit dem richtigen Eiweiß lässt sich die Leistungsfähigkeit zusätzlich steigern. Interessant beim Abnehmen: Eiweiß spielt eine wichtige Rolle bei der Verbrennung überflüssiger Pfunde und hilft Ihnen dabei, unnötigen Ballast abzuwerfen. In der Regel nehmen wir mit unserer Nahrung genug Eiweiß zu uns. Oft sogar zu viel, denn eigentlich sollten nur 10 bis 15 Prozent der Gesamtenergie aus Eiweiß bestehen.
In der folgenden Tabelle finden Sie eine Übersicht der wichtigsten Eiweißverbindungen und ihrer Aufgaben im Organismus.

Eiweiß

Hormone	Funktion, Aufgabe	Nahrungsquelle
Wachstumshormon HGH	Baut Fett ab und Muskeln auf; wird aus den Aminosäuren Arginin und Lysin sowie den Vitaminen B_6 und C gebildet; die HGH-Bildung wird v. a. durch Kraftausdauertraining stimuliert	Arginin, Lysin: Haferflocken, Milchprodukte, Eier, Geflügel, Meeresfrüchte; Vitamin B_6: Fleisch-, Vollkorn-, Sojaprodukte; Vitamin C: Zitrusfrüchte, Obst, Gemüse
Glukagon	Gegenspieler des Insulins; transportiert Fett aus den Fettspeichern zur Energiegewinnung in die Muskulatur; besteht aus 29 Aminosäuren	Fettarme Eiweißprodukte: Fisch, Fleisch, Milchprodukte, Hülsenfrüchte
Noradrenalin	Transportiert Fett aus den Fettzellen zur Verbrennung in die Muskulatur; wird aus den Aminosäuren Phenylalanin und Tyrosin gebildet	Phenylalanin, Tyrosin: Fleisch, Fisch, Geflügel, Sojaprodukte, magerer Käse
Karnitin	Transportiert Fett aus dem Blut in die Muskelzelle zur Verbrennung; wird nur gebildet, wenn genügend Vitamin B_6 und C, sowie Eisen zur Verfügung stehen	Karnitin: mageres Fleisch, Geflügel, Milchprodukte; Eisen: Fleisch, Fisch, grünes Gemüse, Vollkorngetreide, Nüsse, Sojaprodukte; Vitamin B_6, C: siehe HGH
Methionin	Hilft dem Karnitin beim Transport der Fette in die Muskelzelle	Fleisch, Fisch, Geflügel, Käse, Sojaprodukte, Linsen
Taurin	Hilft bei der Bildung des Wachstumshormons HGH	Krabben, Muscheln, Fleisch

Weitere Schlankmacher

Eiweißprodukte sind jedoch nicht die einzigen Schlankmacher in unserer Nahrung. Auch einige Vitamine und Mineralstoffe sowie Koffein helfen beim Abnehmen und gelten daher als Fatburner. Die folgende Tabelle bietet Ihnen einen kurzen Überblick.

Schlankmacher

Stoff	Funktion, Aufgabe	Nahrungsquelle
Vitamin C	Wichtig für die Bildung schlankmachender Hormone (z. B. Noradrenalin)	Zitrusfrüchte, Obst, Gemüse, v.a. rote Paprika, Brokkoli und Kiwi
Magnesium	Organisiert die Sauerstoffversorgung während der Fettverbrennung	Frisches Obst, Gemüse, Käse, Kartoffeln
Jod	Jodmangel hemmt die Bildung des Schilddrüsenhormons Thyroxin, dem Zündfunken der Fettverbrennung	Jodsalz
Koffein	Fördert den Abbau von Fett zu freien Fettsäuren und aktiviert damit den Fettstoffwechsel; wirkungsvoller nach 4–5 Tagen Abstinenz	Kaffee, Tee, Guarana

Meine Ernährungstipps für Sportler

Viele Leute denken, im Hochleistungssport würden die Hauptmahlzeiten durch eine Hand voll Pillen ersetzt. Eine grässliche Vorstellung! Zum Glück liefert die Natur nämlich genug Stoffe, die in ihrer vielfältigen Zusammensetzung unersetzbar sind. Je stärker die körperliche Belastung, desto höher ist jedoch auch der Bedarf an Mineralstoffen, Vitaminen und Spurenelementen. Aus diesem Grund wird mein Blutbild jährlich überprüft. Bisher hatte ich keine Mangelzustände, weshalb ich außer Magnesium in dosierter Menge keine Zusatzpräparate verwende. Ein Zeichen, dass meine Ernährung stimmt – trotz Currywurst und Pommes!

Bevor Sie also selbst wahllos Vitaminpräparate schlucken, sollten Sie beim Arzt ein Blutbild machen lassen. Liegt tatsächlich ein Mangel vor, ersetzen

Wasser hält uns fit! Trinken Sie über den Tag verteilt ca. 2 Liter Wasser.

Sie gezielt die fehlenden Stoffe – und zwar mit den Nahrungsergänzungsmitteln, die Ihnen verschrieben wurden. Präparate aus dem Supermarkt sind zwar häufig besonders günstig, enthalten aber meist auch nur wirkungslose Dosierungen.
Auch so genannte Sportlerdrinks sind unnötig. Das beste Getränk für Läufer ist immer noch eine selbst gemischte Apfelsaftschorle (ein Teil Saft, drei Teile Wasser).

Das Wichtigste: Trinken Sie!

Der Mensch besteht zu 60 Prozent aus Wasser. Während wir drei Wochen ohne feste Nahrung auskommen können, halten wir es ohne Wasser gerade einmal drei Tage aus. Schon Nicht-Sportler sollten jeden Tag mindestens 1,5 Liter trinken. Wenn Sie laufen, erhöht sich der Bedarf auf zwei bis drei Liter, weil Sie viel Wasser ausschwitzen. Da Ihr Körper nicht beliebig viel Flüssigkeit speichern kann, müssen Sie gleichmäßig über den Tag verteilt trinken – auch wenn Sie gar nicht durstig sind. Denn sobald der Körper das Signal »Durst« sendet, ist es eigentlich schon zu spät.

Natürliches Doping für den Organismus

Die Stoffwechselvorgänge im Körper werden von Vitaminen, Enzymen und Mineralstoffen aktiviert. Mit den richtigen Nährstoffen können Sie so zum einen für einen gesteigerten Nahrungsumsatz sorgen, zum anderen die Energiegewinnung optimieren. Nutzen Sie die Kraft des Stoffwechsels!

B-Vitamine – Die Hochleistungs-Vitamine

Die große Gruppe der B-Vitamine ist an nahezu allen Stoffwechselprozessen im menschlichen Organismus beteiligt. Sie sind wasserlöslich und werden mit Ausnahme von Vitamin B_{12} nicht im Körper gespeichert. Aus diesem Grund müssen sie dem Körper regelmäßig durch die Nahrung zugeführt werden. Das gute daran: Wasserlösliche Vitamine befinden sich vor allem in stark wasserhaltigen (und daher kalorienarmen) Nahrungsmitteln, selten in fettreichen Speisen.

B-Vitamine

Vitamin	Funktion, Aufgabe	Nahrungsquelle
Vitamin B_1 (Thiamin)	Unterstützt im Muskel die Umsetzung von Zucker in Energie; fördert die Konzentrationsfähigkeit	Tierische Lebensmittel, Vollkornprodukte, Pilze, Mais, Hülsenfrüchte, Trockenhefe
Vitamin B_2 (Riboflavin)	Energielieferant der Zellen; spielt eine wichtige Rolle im Fettstoffwechsel	Fisch, Milchprodukte, Gemüse, Kartoffeln, Pilze
Vitamin PP (Niacin)	Energieüberträger; wird zur Energiegewinnung benötigt	Leber, Fisch, Vollkornprodukte, Erdnüsse, Pflaumen, Bananen
Pantothensäure	Fördert den Fettstoffwechsel; Anti-Stress-Wirkung	Tierische Produkte, Getreideprodukte, Hülsenfrüchte, Gemüse, Pilze, Melonen
Vitamin B_6 (Pyridoxin)	Helfer im Proteinstoffwechsel; unterstützt Produktion von Antikörpern und weißen Blutkörperchen	Tierische Produkte, Bananen, Sojabohnen und -sprossen, Walnüsse, Vollkornprodukte
Folsäure	Unterstützt die Blutbildung; Wirkung auf Zellteilung und Zellneubildung	Dunkelgrünes Blattgemüse, Möhren, Hefe, Leber, Avocado, Eigelb, Vollkornprodukte
B_{12} (Cobalamin)	Erhöht das Energieniveau; positiver Einfluss auf Konzentration und Stressmanagement	Miesmuscheln, Lachs, Rinderfilet, Milch, Käse, Eier
Biotin	Bestandteil vieler Enzyme des Zellstoffwechsels; stärkt Haut und Haar	Milch, Eier, Vollkornprodukte, Naturreis, Hefe, gegarte Linsen, Haferflocken, Champignons

Vitamine, Mineralstoffe und Spurenelemente für Läufer

Neben den B-Vitaminen kommt auch den Vitaminen C, D und E sowie einigen Mineralstoffen und Spurenelementen eine wichtige Rolle im Stoffwechselprozess zu.

Vitamin C, D und E

Vitamin	Funktion, Aufgabe	Nahrungsquelle
Vitamin C	Stärkt das Immunsystem; fängt Freie Radikale, die durch intensives Training vermehrt gebildet werden; verhindert Gefäßablagerungen	Frisches Obst und Gemüse, v. a. rote Paprika, Brokkoli und Kiwi
Vitamin D	Wird durch Sonneneinstrahlung in der Haut gebildet; wichtig für Muskelarbeit und Immunsystem	Milchprodukte, Eigelb, Seefisch
Vitamin E	Fängt Freie Radikale; stärkt das Immunsystem; verhindert die Ablagerung von Cholesterin an den Gefäßwänden	Pflanzenöle, Nüsse, Vollkorngetreide

Die wichtigsten Mineralstoffe

Mineralstoff	Funktion, Aufgabe	Nahrungsquelle
Kalium	Reguliert den Wasserhaushalt; wichtig für Muskelfunktion und Kohlenhydratspeicherung in der Muskulatur	Äpfel, Bananen, Orangen, Gemüse
Magnesium	Wichtig für das Zusammenspiel von Nerven und Muskeln; große Bedeutung bei der Sauerstoffversorgung der Muskelzellen	Grünes Gemüse, Vollkorngetreide, Nüsse, magnesiumhaltiges Mineralwasser

Die wichtigsten Spurenelemente

Spurenelement	Funktion, Aufgabe	Nahrungsquelle
Chrom	Verbessert die Fettverbrennung und die Kohlenhydratverwertung in der Muskelzelle; wichtig für die Regulierung des Blutzuckerspiegels	Käse, Kakao, Vollkornprodukte, Fleisch
Eisen	Wichtig für den Sauerstofftransport im Blut und bei der Energiegewinnung	Rotes Fleisch, grünes Gemüse, Vollkorngetreide
Jod	Bestandteil der Schilddrüsenhormone; wichtig für die Energieproduktion in den Muskelzellen	Seefisch, Jodsalz
Selen	Schützt die Zellen vor Freien Radikalen	Fisch, Fleisch, Vollkornprodukte, Soja
Zink	Stärkt das Immunsystem; wichtig beim Muskelaufbau	Fisch, Fleisch, Vollkornprodukte

Ernährungstipps auf einen Blick

Zum Abschluss habe ich Ihnen noch einmal die wichtigsten Ernährungsrichtlinien zusammengestellt. Wenn Sie diese berücksichtigen und außerdem regelmäßig laufen, steht der Traumfigur nichts mehr im Weg. Viel Erfolg!

1. Hungern ist kein Mittel, um abzunehmen. Kurzfristige Radikaldiäten schaden dem Organismus und bringen keine dauerhafte Gewichtsreduktion. Nach der Diät steigt das Gewicht schnell wieder an.
2. Vermeiden Sie stark bearbeitete Nahrungsmittel: Hier steckt alles drin, was dick macht.
3. Bevorzugen Sie vollwertige Nahrungsmittel: Ballaststoffe wirken als »Platzhalter«, Vitamine und Mineralstoffe werden gleich mitgeliefert.
4. Achten Sie auf die richtigen Kohlenhydrate: An Obst, Gemüse und Vollkornprodukten können Sie sich bedenkenlos satt essen.
5. Eine fettarme, vollwertige Ernährung bringt zusammen mit regelmäßiger Bewegung den maximalen Erfolg.

Ihr individueller 4-Wochen-Planer

1. Woche:

Tag	Bereich	Zeit	Inhalt
Mo			
Di			
Mi			
Do			
Fr			
Sa			
So			

2. Woche:

Tag	Bereich	Zeit	Inhalt
Mo			
Di			
Mi			
Do			
Fr			
Sa			
So			

3. Woche:

Tag	Bereich	Zeit	Inhalt
Mo			
Di			
Mi			
Do			
Fr			
Sa			
So			

4.Woche:

Tag	Bereich	Zeit	Inhalt
Mo			
Di			
Mi			
Do			
Fr			
Sa			
So			

Ihr individueller 4-Wochen-Planer

1. Woche:

Tag	Bereich	Zeit	Inhalt
Mo			
Di			
Mi			
Do			
Fr			
Sa			
So			

2. Woche:

Tag	Bereich	Zeit	Inhalt
Mo			
Di			
Mi			
Do			
Fr			
Sa			
So			

3. Woche:

Tag	Bereich	Zeit	Inhalt
Mo			
Di			
Mi			
Do			
Fr			
Sa			
So			

4.Woche:

Tag	Bereich	Zeit	Inhalt
Mo			
Di			
Mi			
Do			
Fr			
Sa			
So			

Literatur

- Bös, Klaus:
  Fitness testen und trainieren.
  Copress Verlag GmbH. München 1996.

- Boeckh-Behrens, Wend-Uwe/Buskies Wolfgang:
  Fitness-Krafttraining. Die besten Übungen und Methoden für Sport und Gesundheit.
  Rowohlt Taschenbuch Verlag. Reinbek bei Hamburg 2001.

- Hollmann, Wildor/Hettinger, Theodor:
  Sportmedizin.
  Schattauer Verlagsgesellschaft mbH. Stuttgart, New York 2000.

- Liesen, Heinz/Baum Matthias:
  Sport und Immunsystem.
  Hippokrates Verlag GmbH. Stuttgart 1997.

- Marquardt, Matthias:
  Natürlich Laufen. Schnell, leichtfüßig und verletzungsfrei durch die optimale Lauftechnik.
  Sportmedis GmbH. Freiburg 2002.

- Neumann, Georg/Pfützner, Arndt/Berbalk, Anneliese:
  Optimiertes Ausdauertraining.
  Meyer und Meyer Verlag. Aachen 2001.

- Schöllhorn, Wolfgang:
  Eine Sprint und Laufschule für alle Sportarten.
  Meyer und Meyer Verlag. Aachen 2003.

- Spring, Hans et al.:
  Theorie und Praxis der Trainingstherapie.
  Georg Thieme Verlag. Stuttgart, New York 1997.

Rent a coach – Hilfe vom Profi

Egal, ob Sie Leistungssportler sind, Ihre Gesundheit erhalten oder Ihre berufliche Leistungsfähigkeit verbessern wollen – am effizientesten klappt es mit professioneller Betreuung! Gerade im Bereich der Trainings- und Gesundheitswissenschaften verändert sich der Wissensstand schnell. Ging man früher einfach ab und zu zum Laufen, gibt es heute ausgefeilte Diagnose- und Trainingsmethoden, um aus der zur Verfügung stehenden Zeit den maximalen Nutzen zu ziehen. Denn nur eine aussagekräftige Diagnostik und eine durchdachte, zielgerichtete Trainingsplanung sind Garanten für Ihren Erfolg.

Professionelle Betreuung finden Sie bei: www.rent-a-coach.de

Das bietet Rent a coach:

- Diagnose Ihrer aktuellen Leistungsfähigkeit in den Bereichen Koordination, Kraft, Ausdauer, Schnelligkeit und Beweglichkeit
- Erstellung Ihres individuellen Leistungs- und Gesundheitsprofils
- Erstellung eines Trainingsplans, der ganz auf Ihre individuellen Bedürfnisse zugeschnitten ist und gezielt gegen Ihre Schwachstellen angeht
- Betreuung Ihres Trainingsprozesses via Internet oder im persönlichen Kontakt
- Kontrolle Ihrer Trainingsfortschritte durch wiederholte Leistungstests

Register

Wichtiger Hinweis

Die im Buch veröffentlichen Ratschläge wurden von Verfasser und Verlag sorgfältig erarbeitet und geprüft. Eine Garantie kann dennoch nicht übernommen werden. Ebenso ist die Haftung des Verfassers bzw. des Verlages und seiner Beauftragen für Personen-, Sach- und Vermögensschäden ausgeschlossen.

Impressum

Bibliografische Information der Deutschen Bibliothek
Die Deutsche Bibliothek verzeichnet diese Publikation in der Deutschen Nationalbibliografie; detaillierte bibliografische Daten sind im Internet über http://dnb.ddb.de abrufbar

Bildnachweis:
Alle Motive stammen von Heiner Cöpcke, Hamburg, mit Ausnahme von:
Seite 131: Imrie, Tim (Stockfood)

Projektleitung: Bettina Huber
Redaktion: Sylvie Hinderberger, München
Bildredaktion: Sylvie Busche (Ltg.), Angelika Roschig
Umschlagkonzeption: ZERO, München
Herstellung: Jörg Alt
Satz und DTP: Gaby Herbrecht, München
Reproduktion: Repro Ludwig, Zell am See
Druck und Bindung: Offizin Andersen Nexö, Leipzig
Printed in Germany

Gedruckt auf umweltfreundlich chlorfrei gebleichtem Papier.

ISBN 3-426-66823-8